JN204709

実務Q&Aシリーズ

就業規則・労使協定・不利益変更

労務行政研究所 編

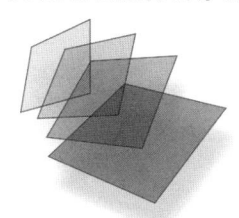

労務行政

はしがき

　本シリーズは、人事担当者を対象に人事労務管理上の問題に関し、労働関係法令や労働判例を踏まえて、どのように考え、対処し、解決すればよいかをテーマ別にまとめたQ&A集です。回答は最新の法令、裁判例、行政解釈を踏まえて弁護士など第一線の専門家の方々にご執筆いただきました。

　組織を円滑に運営し、適切に管理していくには、法令にのっとった労働条件の設定や制度設計が必要であり、会社のルールである就業規則に根拠を明記しておくことは、職場のトラブルを未然に防止するといった観点でも重要な意味を持ちます。

　本書は、労働条件等に関する取り決めを明記した就業規則、労働条件の導入・設定や手続きに関する労使協定をはじめ、成文化されずに労使間で長年反復継続されてその効力が課題となる労使慣行、制度の見直しに際して直面することの多い不利益変更を取り上げました。また、一定の労働条件を導入するために所定の事項を定める労使協定に関しては、協定の締結当事者となる労働組合や従業員代表についても盛り込んでいます。基本事項から実務的な対応まで体系的に収録し、回答は初任者にも分かりやすいように簡潔・明瞭なものにするよう心掛けました。

　本書がみなさまのお役に立ち、実務面での課題解決、リスク回避の一助となれば幸甚です。

　なお、末筆となりましたが、本書の刊行に当たり、ご多用中にもかかわらず、ご執筆いただきました専門家の方々に、厚く御礼を申し上げます。

　2018年4月

労務行政研究所

法令等の略語および正式名称

略　　語	正式名称
安衛則	労働安全衛生規則
安衛法	労働安全衛生法
育児・介護休業法	育児休業、介護休業等育児又は家族介護を行う労働者の福祉に関する法律
憲法	日本国憲法
高年齢者雇用安定法	高年齢者等の雇用の安定等に関する法律
個別労働関係紛争解決促進法	個別労働関係紛争の解決の促進に関する法律
雇用確保措置指針	高年齢者雇用確保措置の実施及び運用に関する指針
最賃法	最低賃金法
承継法	会社分割に伴う労働契約の承継等に関する法律
男女雇用機会均等法	雇用の分野における男女の均等な機会及び待遇の確保等に関する法律
パート労働法	短時間労働者の雇用管理の改善等に関する法律
労基法	労働基準法
労契法	労働契約法
労災法	労働者災害補償保険法
労組法	労働組合法
労働時間設定法	労働時間等の設定の改善に関する特別措置法
労働者派遣法	労働者派遣事業の適正な運営の確保及び派遣労働者の保護等に関する法律

告示・解釈例規

労告	労働大臣が発する告示
厚労告	厚生労働大臣が発する告示
発基	厚生労働省労働基準局関係の事務次官名通達
基発	厚生労働省労働基準局長名通達
基収	厚生労働省労働基準局長が疑義に答えて発する通達
婦発	労働省婦人局長名通達
雇児発	厚生労働省雇用均等・児童家庭局長名通達
発労	厚生労働省労政局関係の事務次官名通達
労発	厚生労働省労政局長名通達
労収	厚生労働省労政局長が疑義に答えて発する通達
職発	厚生労働省職業安定局長名通達
職収	厚生労働省職業安定局長が疑義に答えて発する通達

目次

第1章 就業規則

第3章　労使慣行

第1章
就業規則

 **「就業規則」 とは何か**

A 労働条件の詳細や職場で守るべき規律等を定めた文書をいう

① 就業規則とは

　就業規則とは、労働条件の詳細や、職場において守るべきルール等を定めた文書をいいます。多くの労働者を雇用し、一定の目的に沿って労働させるに当たって、共通の労働条件を定め、労働者が職場で遵守すべきルールを定めておくことは、労務管理において重要です。

　そこで労基法は、一定規模（常時10人以上の労働者を使用）以上の使用者に、就業規則の作成義務を課しています。作成した就業規則は、行政官庁（所轄の労働基準監督署長）に届け出るとともに（同法89条）、当該事業場の労働者に周知しなければなりません（同法106条1項）。

② 就業規則整備の重要性

　職場において労働条件や職場ルール等についての理解が労使間で食い違い、これが原因となってトラブルが発生することがあります。また、いったん取り決めた労働条件やルールを使用者側が一方的に変更することが原因となって、労使紛争が発生することも起こり得ます。

　このようなことを防ぐためには、労働時間や賃金などの労働条件や服務規律などを就業規則にはっきりと定め、労働者に明確に周知しておくことが必要です。

労働者および使用者が労働契約を締結する場合において、使用者が合理的な労働条件が定められている就業規則を労働者に周知させていた場合には、労働契約の内容は、その就業規則で定める労働条件によるものとするとされています（労契法7条本文）。

以前から、判例においては、就業規則に定められた内容は、その内容が合理的なものである限り、単なる職場ルールを超えて、個々の労働者と使用者との間の契約内容となるとされてきましたが（電電公社帯広局事件　最高裁一小　昭61.3.13判決）、労契法7条本文では労働契約締結時の周知を要件としていることに留意すべきでしょう。

③ 就業規則の作成義務

就業規則に定めておくべき事項については、必ず定める事項として労基法89条に列挙されている労働時間・休憩・休日・休暇、賃金、退職に関する事項（解雇の事由を含む）等の「絶対的必要記載事項」と、制度が存する場合には就業規則に定めておくべきとされている「相対的必要記載事項」、さらにこの二ついずれにも該当しない任意的記載事項とがあります（Q4参照）。

就業規則に規定され周知された内容は、使用者と個々の労働者との間の労働契約の内容となることから、就業規則の作成に当たっては労働者側の意見を聴取することを労基法で義務付けられています。

すなわち、就業規則の作成・変更に当たっては、当該事業場に労働者の過半数で組織する労働組合がある場合にはその労働組合（以下、過半数組合）、当該事業場に過半数で組織する労働組合が存しない場合には当該事業場の過半数を代表する者（以下、過半数代表者）の意見を聴取しなければなりません（労基法90条1項）。これに違反した場合には、労基法120条1号により30万円以下の罰金が科せられます。

山本圭子　法政大学講師

 **就業規則と法令や労働協約、労働契約との関係はどのように捉えればよいか**

 就業規則は法令やその職場に適用される労働協約に反してはならない

1 就業規則と法令との関係

　就業規則は、法律や法律に基づき制定された政令、施行規則等に反して定めることはできません（労基法92条1項）。労基法や最賃法等の強行法規に違反する就業規則の内容は、その部分について無効となり、無効となった部分については、労基法等の基準によることになります（労基法13条、最賃法4条2項）。また、強行的効力、直律的効力のない法規に違反する部分についても、公序良俗違反（民法90条）として無効となります。

　行政官庁（所轄労働基準監督署長）は、法令に抵触する就業規則の変更を命ずることができます（労基法92条2項、労基則50条）。

2 就業規則と労働協約との関係

　就業規則は、法令に反してはならないことはもちろん、当該事業場について適用される労働協約に反してはなりません（労基法92条1項、労契法13条）。労働協約とは、団体交渉等を通じて労使が合意した内容を書面に取りまとめて、双方が署名または記名押印した文書をいいます（労組法14条）。就業規則の作成義務は使用者にありますが（労基法89条）、使用者が作成した就業規則よりも、労使双方が団体交渉・労使協議等の

上で合意し取りまとめた労働協約に、就業規則に対して優越した効力を認めています。

　労働協約には労働者の労働条件その他労働者の待遇に関する基準について定めた部分（規範的部分）のほかに、組合掲示板の貸与等といった使用者と労働組合との集団的労使関係に関する定め（債務的部分）も存します。労基法92条の対象となるのは、就業規則の内容が労働協約の規範的部分に反してはならないという意味です（昭24.1.7　基収4078）。

　なお、行政官庁（所轄労働基準監督署長）は、労働協約に抵触する就業規則の変更を命ずることができます（労基法92条2項、労基則50条）。

③ 就業規則の最低基準効

　就業規則で定める基準に達しない労働条件を定める労働契約は、その部分について無効となります。無効となった部分は、就業規則で定める基準によることとなります（労契法12条）。この規定により、就業規則は、その職場で適用される労働条件の最低基準を定めたものということができます（就業規則の最低基準効）。

　例えば、就業規則ではパートタイマーの賃金を時給1100円としておきながら、個別に締結した労働契約書や労働条件通知書では時給1000円とした場合に、当事者が時給1000円で合意していたとしても、労契法12条が「就業規則で定める基準に達しない労働条件を定める労働契約は、その部分については、無効」「無効となった部分は、就業規則で定める基準による」としている以上、時給1100円で契約を締結したことになります。逆に、就業規則では時給1000円とし、個別の労働契約書では時給1100円とした場合には、これは「就業規則で定める基準に達し」ているので、この時給1100円の合意は有効となります。

　また、労働契約書や労働条件通知書には規定がないが、就業規則には規定があるといった事項については、就業規則の規定が適用されます。

図表1-1 ●労働基準法・労働協約・就業規則・労働契約の関係

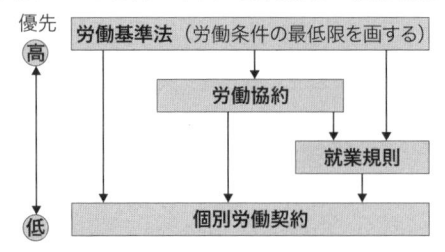

※個別労働契約のうち、就業規則の定めを上回る部分
については、個別労働契約の内容が優先する。

例えば、労働条件通知書には研修に関する規定がないが、就業規則には研修に関する規定があるといった場合には、就業規則の規定に基づき労働者は研修受講義務を負います。

山本圭子　法政大学講師

就業規則の作成・届け出義務がある「常時10人以上の労働者」に含まれる労働者の範囲とは

正社員、パートタイマー、嘱託社員等も含めた当該事業場の在籍者数で判断する

1　就業規則の作成・届け出義務とは

常時10人以上の労働者を使用する使用者は、労働者の過半数組合または過半数代表者の意見を聴いて（労基法90条）、労基法89条所定の内容（Q4参照）の就業規則を作成して、所轄の労働基準監督署長に届け

出なければなりません（同法89条）。違反した場合には30万円以下の罰金が科せられます（同法120条1号）。

　もちろん、常時10人未満の事業場でも就業規則を作成することは望ましいですが、この場合には使用者は所轄の労働基準監督署長への届け出義務を負いません。

② 就業規則の作成単位

　就業規則は、原則として、事業場（職場）ごとに作成することとされています。例えば、同一企業であっても、東京本社と北海道の製造現場とでは、勤務時間や勤務内容等が大幅に異なることがあり、就業規則の内容に職場・業務の実態を反映させるため、事業場単位での作成を義務付けているのです。

③ 「常時」使用する者の範囲

　就業規則の作成義務があるのは、当該事業場で常時10人以上の労働者を使用している使用者です。常時10人以上を使用しているか否かは前述のとおり企業単位ではなく、事業場単位で見ます。また、稼働人数ではなく、在籍者数で判断します。

　「常時」使用している労働者には、特に臨時的に短期的な雇用（例えば年末セール時の福引会場の臨時アルバイト等）の場合は含まれませんが、他は常時使用されるとしてカウントすることとなっています。有期労働契約で雇用されている労働者も、真に臨時的雇用でなければ常時使用する者の範囲に含めることとなります。

　「常時10人以上」の労働者を使用しているか否かの判断に当たっては、正社員はもちろん、パートタイマー、嘱託、契約社員等も含めてカウントします。雇用形態や契約期間の定めの有無は問いません。したがって、

パートタイマーや嘱託、契約社員であっても、常時使用されている者であれば、人数に含めてカウントします。

　また、出向社員や、休職中の者も在籍者数に含めて判断します。さらに、労基法41条2号の管理監督者も、労働者であることには変わりがありませんので、常時使用される者に含めます。

④ 派遣労働者と就業規則

　派遣先事業主が派遣労働者を受け入れている場合には、この派遣労働者は派遣先との間においては雇用関係にないため、派遣先の事業場の常時使用する労働者の範囲には含まれません。

　派遣労働者に適用されるのは、派遣元事業主（派遣会社）の就業規則です（Q15参照）。派遣会社では、派遣中の派遣労働者とそれ以外の労働者（例えば営業担当者や事務員等）とを合わせて常時10人以上の労働者を使用している場合には、就業規則の作成義務を負います（昭61.6.6　基発333）。

山本圭子　法政大学講師

 就業規則には、具体的にどのような項目を記載しなくてはならないか

 労働時間・賃金・退職関係は必ず定めなければならない。それ以外の事項でも、「定めをする場合」（制度を設ける場合）には記載しなければならない

1 就業規則の絶対的必要記載事項とは

　労基法89条1号から3号は、次に掲げる事項について、就業規則に必ず定めなければならないとしています（絶対的必要記載事項）。

①始業・終業の時刻、休憩時間、休日、休暇、労働者を2組以上に分けて交替に就業させる場合においては就業時転換に関する事項（同条1号）

②賃金（臨時の賃金等を除く。）の決定、計算、支払いの方法、賃金の締め切りおよび支払いの時期、昇給に関する事項（同条2号）

③退職に関する事項（解雇の事由を含む。）（同条3号）

　上記の諸事項については、必ず就業規則に規定を置かなければなりません。

2 就業規則の相対的必要記載事項とは

　労基法89条3号の2から10号は、事業場において次に掲げる事項について「定めをする場合」には、就業規則に記載することを義務付けています（相対的必要記載事項）。

　「定めをする場合」とは、明文の規定を設ける場合はもちろん、不文の慣行（労使慣行・労働慣行）や内規として実施されている場合にも、就業規則に規定を置かなければならないとの意味です。すなわち、労使

慣行（労働慣行ともいう）や内規も、次に該当する場合には、就業規則に明文規定を設けて、労働者に周知しなければなりません。

①退職手当の定めをする場合においては、適用される労働者の範囲、退職手当の決定、計算および支払いの方法ならびに退職手当の支払いの時期に関する事項（同条3号の2）

②臨時の賃金等（退職手当を除く。）および最低賃金額の定めをする場合においては、これに関する事項（同条4号）

③労働者に食費、作業用品その他の負担をさせる定めをする場合においては、これに関する事項（同条5号）

④安全および衛生に関する定めをする場合においては、これに関する事項（同条6号）

⑤職業訓練に関する定めをする場合においては、これに関する事項（同条7号）

⑥災害補償および業務外の傷病扶助に関する定めをする場合においては、これに関する事項（同条8号）

⑦表彰および制裁の定めをする場合においては、その種類および程度に関する事項（同条9号）

⑧そのほか、当該事業場の労働者全員に適用される事項（同条10号）

　なお、⑧の内容としては、人事異動（配置転換、転勤、出向規定）、休職規定（病気休職、出向休職等）、経費の精算規定等が該当します。

③ 就業規則の任意的記載事項とは

　任意的記載事項とは、絶対的必要記載事項、相対的必要記載事項に該当しない就業規則の規定内容をいいます。例えば、就業規則の制定趣旨、根本精神を宣言した規定や、就業規則の解釈、適用に関する規定等を定めた場合には、任意的記載事項に該当します。

山本圭子　法政大学講師

 **就業規則への記載項目のうち、特に「解雇」に関する定めはどのようにすればよいか**

 解雇の具体的事由および手続きなどを詳細に規定する

 就業規則における解雇の事由の明示

　労基法89条3号は、「退職に関する事項（解雇の事由を含む。）」を就業規則の絶対的必要記載事項として定めています。同条が「解雇の事由を含む」としたのは、労使当事者間において、解雇についての事前の予測可能性を高め、紛争を予防するためです。

　また、労基法15条1項に基づく労働条件の明示に当たっても、「解雇の事由」は絶対的必要記載事項とされています（同法15条1項、労基則5条1項4号）。

2　解雇規定に定めておくべきこと

　解雇に関する規定については、労基法89条3号で義務付けられている「解雇の事由」のほか、解雇予告制度（同法20条）、解雇手続き、解雇理由証明書の交付等を就業規則等で定めることになっています。

　就業規則に「解雇の事由」を規定するに当たっては、まず、法律上の解雇禁止規定に抵触しないものとすることが必要です。具体的には以下のような解雇は禁止されています。

①労働者の国籍、信条、社会的身分を理由とする解雇（労基法3条）

②労働者の性別を理由とする解雇（男女雇用機会均等法6条）

③労働者の業務上の負傷、疾病による休業期間とその後30日間および産前産後の休業の期間（産前6週間［多胎妊娠の場合は14週間］以内または産後8週間以内の女性が休業する期間）とその後30日間の解雇（労基法19条）

④労働者が労働基準監督機関に申告したことを理由とする解雇（労基法104条、最賃法34条2項、安衛法97条等）

⑤女性労働者が婚姻したこと、妊娠・出産したこと等を理由とする解雇（男女雇用機会均等法9条2項・3項）。また、女性労働者の妊娠中または産後1年以内になされた解雇は、事業主が妊娠等を理由とする解雇でないことを証明しない限り無効とされています（男女雇用機会均等法9条4項）。

⑥労働者が、個別労働関係紛争に関し、都道府県労働局長にその解決の援助を求めたことを理由とする解雇（個別労働関係紛争解決促進法4条）。

⑦労働者が、男女雇用機会均等法、育児・介護休業法およびパート労働法に係る個別労働紛争に関し、都道府県労働局長に、その解決の援助を求めたり、調停の申請をしたことを理由とする解雇（男女雇用機会均等法17条2項、18条2項、育児・介護休業法52条の4第2項、52条の5第2項、パート労働法24条2項、25条2項）。

⑧労働者が育児・介護休業等の申し出をしたこと、または育児・介護休業等をしたことを理由とする解雇（育児・介護休業法10条、16条、16条の4、16条の7、16条の10、18条の2、20条の2、23条の2）。

⑨労働者が労働組合の組合員であること、労働組合に加入し、またはこれを結成しようとしたこと、労働組合の正当な行為をしたこと等を理由とする解雇（労組法7条）

⑩公益通報をしたことを理由とする解雇（公益通報者保護法3条）　等

図表1-2 ●解雇に関するモデル規定

> **（解雇）**
> 第○条　労働者が次のいずれかに該当するときは、解雇することがある。
> ①勤務状況が著しく不良で、改善の見込みがなく、労働者としての職責を果たし得ないとき。
> ②勤務成績又は業務能率が著しく不良で、向上の見込みがなく、他の職務にも転換できない等就業に適さないとき。
> ③業務上の負傷又は疾病による療養の開始後3年を経過しても当該負傷又は疾病が治らない場合であって、労働者が傷病補償年金を受けているとき又は受けることとなったとき（会社が打ち切り補償を支払ったときを含む。）。
> ④精神又は身体の障害により業務に耐えられないとき。
> ⑤試用期間における作業能率又は勤務態度が著しく不良で、労働者として不適格であると認められたとき。
> ⑥第○条第○項に定める懲戒解雇事由に該当する事実が認められたとき。
> ⑦事業の運営上又は天災事変その他これに準ずるやむを得ない事由により、事業の縮小又は部門の閉鎖等を行う必要が生じ、かつ他の職務への転換が困難なとき。
> ⑧その他前各号に準ずるやむを得ない事由があったとき。
> 2　前項の規定により労働者を解雇する場合は、少なくとも30日前に予告をする。予告しないときは、平均賃金の30日分以上の手当を解雇予告手当として支払う。ただし、予告の日数については、解雇予告手当を支払った日数だけ短縮することができる。
> 3　前項の規定は、労働基準監督署長の認定を受けて労働者を第○条に定める懲戒解雇する場合又は次の各号のいずれかに該当する労働者を解雇する場合は適用しない。
> ①日々雇い入れられる労働者（ただし、1カ月を超えて引き続き使用されるに至った者を除く。）
> ②2カ月以内の期間を定めて使用する労働者（ただし、その期間を超えて引き続き使用されるに至った者を除く。）
> ③試用期間中の労働者（ただし、14日を超えて引き続き使用されるに至った者を除く。）
> 4　第1項の規定による労働者の解雇に際して労働者から請求のあった場合は、解雇の理由を記載した証明書を交付する。

資料出所：厚生労働省「モデル就業規則」（平成30［2018］年1月）

③ 具体的な解雇事由をどのように定めるか

　就業規則に規定する解雇の事由の内容について、法令に反しない限りにおいては、特段の制限はありません。しかし、労契法16条は「解雇は、客観的に合理的な理由を欠き、社会通念上相当であると認められない場合には、その権利を濫用したものとして、無効とする」と定めており、これを踏まえた規定を設けることが重要です。

　具体的には図表1-2のようなモデル規定を参考にしてください。

山本圭子　法政大学講師

 **過半数組合がない場合、就業規則の作成・変更時に意見聴取する過半数代表者の選出はどう行うか**

 就業規則の作成等の意見聴取をすることを明らかにして、投票、挙手、持ち回り決議など民主的な手続きで選出する

1 意見聴取義務とは

使用者が就業規則を作成または変更する場合には、当該事業場に労働者の過半数で組織する労働組合がある場合にはその労働組合（過半数組合）、当該組合がない場合には労働者の過半数を代表する者（過半数代表者）の意見を聴かなければなりません（労基法90条1項）。

労働条件に関する労使対等決定原則は、労基法、労契法の求めるところであり、労基法2条は「労働条件は、労働者と使用者が、対等の立場において決定すべきものである」とし、労契法3条1項は「労働契約は、労働者及び使用者が対等の立場における合意に基づいて締結し、又は変更すべきものとする」としています。就業規則は、使用者にその作成義務が課せられていますが、この労働条件の労使対等決定原則が、就業規則の作成・変更に当たっても指導原理として働き、就業規則の作成・変更に当たっては、労働者の団体的意見を聴くことを義務付けています。

なお、作成・変更した就業規則の所轄の労働基準監督署長への届け出に当たっては、過半数組合または過半数代表者の意見書の添付が必要となります（労基法90条2項）。

② 当該事業場の「過半数」とは

過半数組合および過半数代表者の選出に当たっての「過半数」とは、当該事業場の在籍者を指します。すなわち、一般従業員はもとより、管理職、パートタイマー、アルバイト、嘱託、契約社員、出向社員も含めた労働者の過半数に達しているか否かで判断します。

③ 過半数組合とは

過半数組合とは、当該事業場に労働者の過半数で組織する労働組合のことをいいます。過半数の考え方は前記のとおりですが、「労働組合」については、労働者が自主的に結成した労働組合であることを要します（労組法2条の自主性の要件を満たす必要があります）。

労働組合として設立されたものではない従業員集団（例えば従業員の大半が加入している社員会や親睦会）は、「労働組合」ではありませんので、その代表者が自動的に過半数代表者となることはできません。

なお、当該事業場に一つの労働組合があっても、労働者の過半数を組織していない場合や、二つ以上の労働組合があってそのいずれもが労働者の過半数で組織されていない場合には、過半数代表を民主的な手続きにより選出する必要があります。

④ 過半数代表者の要件と選出手続き

過半数組合が存しない事業場においては、就業規則の作成・変更についての意見聴取をすることを明らかにして、以下の要件・手続き等を遵守の上、過半数代表者を選出しなければなりません（労基則6条の2）。選出に当たって、使用者による指名等はあってはなりません。

まず、労働者の過半数代表は、労基法41条2号に規定する監督または

管理の地位にある者（いわゆる管理監督者）であってはなりません（労基則6条の2第1項1号）。労働者の団体的意見が十分に反映されないおそれがあるからです。

　そして、就業規則の作成・変更に当たって意見聴取をする者を選出することを明らかにして実施される投票、挙手等の方法による民主的手続きにより選出された者でなければならないとされています（同条1項2号）。投票、挙手のほか、持ち回り決議など、労働者の過半数が当該者の選任を支持していることが明確になる民主的な手続きが求められています（平11.3.31　基発169）。

⑤ 過半数代表者への不利益取り扱いの禁止

　使用者は、労働者が過半数代表者であることもしくは過半数代表者になろうとしたこと、または過半数代表者として正当な行為をしたことを理由として、解雇、賃金の減額、降格等、労働条件について不利益な取り扱いをしてはなりません（労基則6条の2第3項、平11.1.29　基発45）。「過半数代表者として正当な行為」とは、就業規則の作成や変更に際し、反対意見を述べることなども含まれます。

山本圭子　法政大学講師

パートタイマーの就業規則はパートタイマーの過半数代表者から意見聴取しなければならないか

A パートタイマーの過半数代表者から意見聴取をするよう努める

① 一部の労働者に適用される就業規則の作成は可能か

就業規則は、常時10人以上の労働者を使用する事業場のすべての人に何らかの就業規則が適用されるようにしなければなりません。事業場に、雇用形態の異なる正社員、パートタイマー、嘱託等を使用している場合に、それぞれに就業規則を作成することは可能ですし、労務管理上はそれぞれについて定めのあるほうが望ましいといえるでしょう。

通達（昭63.3.14　基発150・婦発47、平11.3.31　基発168）も、同一事業場において、労基法3条（均等待遇の原則）に反しない限りにおいて、一部の労働者についてのみ適用される別個の就業規則を作成することは差し支えないとしています。この場合には、就業規則の本則において、当該別個の就業規則の適用対象となる労働者に係る適用除外規定または委任規定を設けることが望ましいとされています（同通達）。

なお、正社員用とは別途に、パート就業規則、嘱託就業規則の就業規則を定めた場合であっても、これらも含めて労基法89条の就業規則となるのであって、すべてを所轄の労働基準監督署長に届け出ることが必要です。

② 意見聴取義務について

　パート就業規則や嘱託就業規則といった事業場の一部の労働者に適用される就業規則に関しては、労基法90条1項の過半数組合または過半数代表者からの意見聴取では、当該就業規則の適用対象者の意見を十分に反映できない場合もあり得ます。例えば、ある事業場に正社員のみを組織していて、当該事業場の労働者の過半数が加入している大きな労働組合A組合が存しているような場合に、その事業場でパート就業規則や嘱託就業規則を作成・変更するに当たっては、労基法90条では過半数組合であるA組合の代表者の意見聴取が義務付けられていることになります。正社員用の就業規則、パート就業規則、嘱託就業規則をばらばらに意見聴取するのではなく、全体として全従業員の過半数を代表する者から意見を聴取するという趣旨です（昭23.8.3　基収2446、昭24.4.4　基収410、昭63.3.14　基発150）。

　しかし、上記の例の場合、正社員のみで組織されたA組合の代表者は正社員ですから、その者にパート就業規則や嘱託就業規則の内容が適用されるわけではありません。そこで、パート労働法7条は、「事業主は、短時間労働者に係る事項について就業規則を作成し、又は変更しようとするときは、当該事業所において雇用する短時間労働者の過半数を代表すると認められるものの意見を聴くように努めるものとする」としています。努力義務規定ではありますが、パート就業規則、嘱託就業規則等の作成に当たっては、実際にその就業規則を適用される労働者の過半数代表者から意見を聴くことが望ましいとされています（前掲通達も、一部の労働者に適用される別個の就業規則の意見聴取について、当該一部の労働者で組織する労働組合等の意見を聴くことが望ましいとしています）。

　なお、パート就業規則についてパートタイマーの過半数代表者から意見を聴取する場合に、パートタイマーの過半数代表者の選出手続きや過

半数代表者になれる者の範囲（管理監督者は排除等）については、Q6の場合と同様です。また、パートタイマーがパートタイマーの過半数代表者であることもしくは過半数代表者になろうとしたことを、または過半数代表者として正当な行為をしたことを理由として不利益な取り扱いをしないようにしなければなりません（「事業主が講ずべき短時間労働者の雇用管理の改善等に関する措置等についての指針」第3の3(1)　平19.10.1　厚労告326）。

山本圭子　法政大学講師

 **労働者側が意見書に反対意見を示したり、署名または記名押印を拒否したりした場合の就業規則の効力とは**

 反対意見や署名拒否の場合でも所轄の労働基準監督署長は届け出を受理するが、届け出受理と民事上の効力は別の問題

1　就業規則の作成・変更に当たっての意見聴取義務

使用者が就業規則を作成または変更する場合には、過半数組合または過半数代表者の意見を聴取し（労基法90条1項）、その意見を記した書面（意見書）を添付して所轄の労働基準監督署長に届け出なければなりません（同条2項）。就業規則の届け出に添付すべき意見書は、労働者を代表する者の署名または記名押印のあるものでなければなりません（労基則49条2項）。

「意見を聴かなければならない」とは

　労基法90条1項の「意見を聴かなければならない」とは、諮問をするという意味であって、労働者の団体的意見を求めるということです。同意を得るとか、協議をするというところまで要求するものではないと解されています（昭25.3.15　基収525）。すなわち、過半数組合や過半数代表者の意見を聴かなければなりませんが、その表明された意見に拘束されることはないと解されているわけです。もちろん、労働者の団体的意見を尊重すべきことはいうまでもありません。

　なお、労働協約において、「就業規則の作成・変更については労働組合の意見を得て行う」「労働組合と協議のうえ決定する」といった協議約款ないし同意約款が定められている場合があります。このような場合には、単に労働組合の意見を聴くのみならず、協議・同意を得ずに行われた就業規則の作成・変更の効力については、学説上は有効説と無効説とが対立しており、どちらかといえば無効説のほうが有力とされています。裁判例にも有効説によるものと無効説によるものが混在するなどしています。いずれの説を採る場合でも、労使関係の安定性の観点からは、労働協約に協議約款や同意約款が存する場合にはこれを履践することが重要といえましょう。

3　労働者側が反対意見を示したり、署名または記名押印を拒否したりした場合

　通達（昭24.3.28　基発373）は、「就業規則に添付した意見書の内容が当該規則に全面的に反対するものであると、特定部分に関して反対するものであるとを問わず、又その反対事由の如何を問わず、その効力の発生についての他の要件を具備する限り、就業規則の効力には影響がない」としています。

また、使用者が意見を聴いたと認め得るのに十分な手段を尽くしているにもかかわらず、労働者側が意見書に署名または記名押印をしないことがあります。このような場合については、「労働組合が故意に意見を表明しない場合又は意見書に署名又は記名押印しない場合でも、意見を聴いたことが客観的に証明できる限り、これを受理するよう取扱われたい」との通達（昭23.5.11　基発735、昭23.10.30　基発1575）があります。

ただし、これらの通達は、労基法違反として取り扱うか否かの行政当局側の見解であって、実際に作成・変更された就業規則の効力を最終的に判断するのは裁判所となります。就業規則の効力、特に労働条件の不利益変更等の効力に関して、裁判例においては労働者側との協議・説明、団体交渉の経緯や意見の反映等が判断要素として重視されていることに留意すべきでしょう。

山本圭子　法政大学講師

 **全社一斉に就業規則を変更する場合の意見聴取と届け出の方法とは**

 一定の要件を満たせば、本社で一括して意見聴取を行い、届け出ることも可能

 就業規則の意見聴取・届け出の原則

就業規則の作成義務があるのは、当該事業場で常時10人以上の労働者を使用している使用者です（労基法89条）。常時10人以上を使用しているか否かは企業単位ではなく、事業場単位で見ます。

他方、営業所、店舗等、複数の事業場を擁する企業にあっては、全事業場に共通の就業規則を適用している場合も少なくありません。このような場合であっても、就業規則の作成義務が事業場単位であることから、原則として事業場ごとに過半数組合または過半数代表者に意見聴取を行い、各事業場を管轄する労働基準監督署長にそれぞれ届け出なければなりません（労基法89条、90条1項・2項）。この届け出は書面の提出のほか、電子媒体（CD-ROM、CD-R、CD-RW、DVD-R、DVD-RW）の提出や電子申請でも行うことができます。

② 本社一括での意見聴取義務

　古い通達（昭39.1.24　基収9243）は、就業規則を本社で作成し全事業場に共通に適用される場合で、各事業場の労働者の過半数が、ある大きな労働組合の組合員であるといった場合には、本社において当該労働組合の本部に意見聴取を行えばよく、各事業場にそれぞれ対応する各労働組合（地方本部または支部等）に意見聴取を行わなくても差し支えないとしています。

　ただし、全社で見れば、ある労働組合が労働者の過半数を組織している場合でも、ある事業場では過半数を組織していない場合には、このような取り扱いはできません。そのような場合には、当該事業場の過半数を代表する者を選出の上、その意見を聴取しなければなりません。

③ 就業規則の本社一括届け出の要件

　複数の事業場を有する企業等が、当該企業等の複数の事業場において同一の内容の就業規則を適用する場合には、本社において本社を所轄する労働基準監督署長に一括して就業規則を届け出ることができます（平15.2.15　基発0215001）。ただし、単独の事業場として届け出する場合や、

本社と各事業場の就業規則の内容が異なる場合は、本社一括届け出はできません。

　本社一括届け出の要件は、以下のとおりです。

①本社の所轄労働基準監督署長に対する届け出の際には、本社を含む事業場数に対応した必要部数の就業規則を提出すること

②各事業場の名称、所在地および所轄労働基準監督署長名、労基法89条各号に定める事項について当該企業の本社で作成された就業規則と各事業場の就業規則が同一の内容である旨が付記されていること

③就業規則の変更の届け出の場合にあっては、変更前の就業規則の内容についても同一である旨が付記されていること

④労基法90条2項に定める書面（意見書）については、その正本が各事業場ごとの就業規則に添付されていること

　なお、この就業規則（変更）届（本社一括届け出）についても、書面の届け出のほか、電子媒体や電子申請で行うことができます。その際には、書面での届け出と同様に、就業規則の作成または変更に関する労働者代表の意見書、就業規則の一括の届け出を行う事業場一覧、就業規則本文（就業規則変更届の場合は、変更内容を添付すれば足りる）の提出となります。

山本圭子　法政大学講師

 就業規則の周知方法にはどのようなものがあるか

A 作業場内への掲示、備え付けのほか、書面の交付、コンピュータ等での閲覧等の方法がある

1 就業規則等の周知義務とは

労基法106条1項は、使用者に対し、就業規則等（労基法およびこれに基づく命令の要旨、就業規則、労使協定、労使委員会の決議等）を労働者に周知する義務を課しています。この周知義務に違反した場合には、労基法120条に基づき30万円以下の罰金が科せられます。

2 就業規則等の周知方法

周知方法については、労基則52条の2により、次の方法が示されています。

①常時各作業場の見やすい場所に掲示し、または備え付ける方法

②労働者に書面を交付する方法

③磁気テープ、磁気ディスクその他これらに準ずる物に記録し、かつ、各作業場に労働者がその記録の内容を常時確認できる機器を設置する方法

①の「作業場」とは、事業場内において密接な関連の下に行われている個々の現場をいい、主として建物別等に判定します（昭23.4.5　基発535）。

③のコンピュータ等の電子機器を使用して、CD-ROM、DVD、磁気

ディスク、社内のホストコンピュータ等に記録した就業規則等を労働者が随時確認できるようにする方法で周知をする場合には、労働者が記録の内容を常時確認できるよう、各作業場にパソコン等の機器を設置し、労働者にその操作権限を与えて、その操作方法も周知させることにより、労働者が必要なときにいつでも就業規則の内容を確認できるようにしなければなりません（平11.1.29　基発45）。

　なお、使用者は就業規則の変更など、周知させるべき事項の内容に変更があった場合にも、当該変更後の内容を労働者に周知させなければなりません（前掲通達）。

③ 周知手続きを欠く就業規則の効力

　周知手続きを欠く就業規則の効力については、以前から、学説や判例は「公示等の手段により従業員が周知し得る状況におかれることを効力発生要件とする」との見解をとるものが多くありました。この点について、フジ興産事件（最高裁二小　平15.10.10判決）は、「使用者が労働者を懲戒するには、あらかじめ就業規則において懲戒の種別及び事由を定めておくことを要する」とする国労札幌支部事件（最高裁三小　昭54.10.30判決）と、就業規則が法的規範としての性質を有するとした秋北バス事件（最高裁大法廷　昭43.12.25判決）とを引用して、「就業規則が法的規範としての性質を有するものとして、拘束力を生ずるためには、その内容を適用を受ける事業場の労働者に周知させる手続が採られていることを要するものというべきである」と判断しました。

　現在では、労契法7条が「労働者及び使用者が労働契約を締結する場合において、使用者が合理的な労働条件が定められている就業規則を労働者に周知させていた場合には、労働契約の内容は、その就業規則で定める労働条件によるものとする」とし、また、就業規則の変更に係る労契法10条も、「使用者が就業規則の変更により労働条件を変更する場合

において、変更後の就業規則を労働者に周知させ、かつ、就業規則の変更が、労働者の受ける不利益の程度、労働条件の変更の必要性、変更後の就業規則の内容の相当性、労働組合等との交渉の状況その他の就業規則の変更に係る事情に照らして合理的なものであるときは、労働契約の内容である労働条件は、当該変更後の就業規則に定めるところによるものとする」としています。

このように、労契法は、就業規則に労働者を拘束する効力を認めるための必須の要件として、労働者に周知させる手続きが採られていることを要するとの判例法理を法制化したことから、周知を欠く就業規則の効力は否定的に解さざるを得ません。

山本圭子　法政大学講師

 **就業規則の効力は、どの時点から発生するか**

 労働者に周知された時期以降で、就業規則の施行期日と定められた日から効力が発生する

1 就業規則の作成・変更手続き

労基法は、就業規則の作成・変更手続きとして、①労働者の団体的意見の聴取としての過半数組合または過半数代表者からの意見聴取義務（同法90条1項）、②労働基準監督署長への届け出義務（同法89条）、③労働者への周知義務（同法106条1項）を定めています。また、労契法も労働者への周知を就業規則の効力発生要件としている（同法7条、10条）。

図表1-3 ●就業規則の作成・変更手続きと、就業規則の効力発生時期

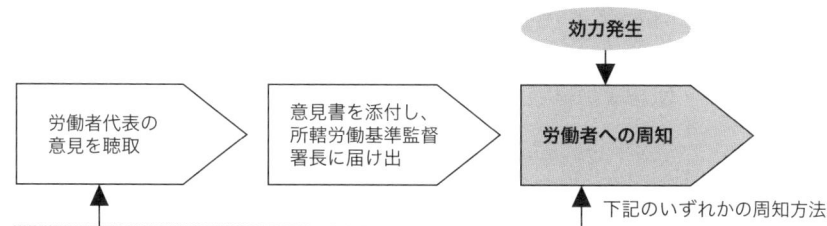

効力発生

| 労働者代表の意見を聴取 | → | 意見書を添付し、所轄労働基準監督署長に届け出 | → | 労働者への周知 |

下記のいずれかの周知方法

労働者の過半数で組織する労働組合がある場合にはその労働組合、それがない場合には労働者の過半数を代表する者の意見を聴かなければならない

①常時各作業場の見やすい場所に掲示し、または備え付ける
②書面を労働者に交付
③磁気テープ、磁気ディスクその他これらに準ずる物に記録し、かつ、各作業場に労働者が当該記録の内容を常時確認できる機器を設定する

2 就業規則の効力発生要件

　別の設問でも触れたように、就業規則の効力発生要件としては、労働者の周知を要します。就業規則の効力発生の時期については、就業規則が何らかの方法によって労働者に周知された時期以降であって、当該就業規則の施行期日とされた日と解することができます。

　日本ニューホランド事件（札幌地裁　平13.8.23判決）でも、「労働基準法106条1項は、就業規則について、『常時各作業場の見やすい場所に掲示し、又は備え付けること、書面を交付することその他の命令で定める方法によって』労働者に周知させることを求めているところ、少なくとも同条項の定める上記方法と同視し得るような周知方法が採られない限り、就業規則としての効力は認められないものと解するのが相当である」としています。また、クリスタル観光バス（賃金減額）事件（大阪高裁　平19.1.19判決）でも、実質的に就業規則内容の周知手続きをとった日に、就業規則変更の効力が発生すると判断しています。

　このように、就業規則の施行期日の定めがない場合には、通常は労働者に就業規則が周知をされた日が効力発生時期と解されるでしょう。

山本圭子　法政大学講師

Q012 パートタイマー用の就業規則がなければ、パートタイマーに対しても正社員の就業規則がそのまま適用されてしまうのか

A 規定内容によっては正社員の就業規則が適用される可能性も否定しきれない

1 就業規則の作成義務

　企業の合理的、能率的な運営には、当該事業場に属する労働者一般が就業上守るべき規律や労働条件に係る具体的な細目を定め、労働者を組織的に企業経営に組み入れ、労働条件や企業規律を画一的・統一的に規制することが要請されます。労基法は、このような実態を前提として、後見的・監督的立場で、常時10人以上の労働者を使用する使用者に就業規則の作成義務を課す（労基法89条）とともに、就業規則の作成・変更に当たり、労働者側の意見を聴取し、その意見書を添付して就業規則を労働基準監督署に届け出て（同法90条）、労働者に周知すること（同法106条）を義務付けています。

2 就業規則の適用対象労働者

　労基法89条に基づき就業規則の作成義務を課せられる使用者は、事業場のすべての人に何らかの就業規則が適用されるように作成することが必要です。正社員用の就業規則はあるが、同じ事業場のパートタイマーや日々雇用される労働者には適用する就業規則が存在しないという場合には、同法89条の就業規則の作成義務違反となります。

　それでは、設問のように、当該事業場に正社員用の就業規則はあるも

のの、パートタイマー用の就業規則は特に作成していないという場合に、正社員の就業規則が当然にパートタイマーに適用されることになるのでしょうか。

　同様のケースが争点となった裁判例として、日本ビクター事件（横浜地裁　昭41.5.25決定）があります。この事件では、社員就業規則はあるものの、日雇労働者に対する就業規則が定められていなかった事案において、社員就業規則を日雇労働者にも準用するのが当然であるとしています。

　また、労契法12条は、就業規則で定める基準に達しない労働条件を定める労働契約は、その部分について無効となるとし、無効となった部分は就業規則で定める基準によるとして、就業規則に定める労働条件が当該事業場の最低基準となる旨の効力を認めています。そうすると、設問の場合には、正社員用の就業規則が適用されると解されることになります。

　しかし、最近の有力説では、正社員用の就業規則が存する事業場で、パートタイマーや嘱託等の正社員とは異なる労働者集団に適用される就業規則・規則条項が作成されていなかった場合、本則たる正社員用の就業規則が適用されるのか、適用条項が欠けたままの状態であるのかは、個々の事例に則して就業規則の合理的解釈により判断すべきであるとしているものもあります。

　いずれにせよ、労基法89条違反や、労使間での解釈上のトラブルを生じさせないために、パートタイマーに適用する就業規則を明確にしておくことが必要です。

　また、パートタイマーや有期契約労働者については、不合理な待遇の相違の禁止（パート労働法8条、労契法20条）の適用があります。さらに、パート労働法9条では職務の内容（業務の内容および責任）と人材活用の仕組みや運用（人事異動の有無および範囲）が通常の労働者と同視すべきパートタイマーについて賃金の決定、教育訓練の実施、福利厚

生施設の利用について差別的取り扱いが禁止されています。これらの規定に反する場合には、通常の労働者（いわゆる正社員）や無期雇用労働者とパートタイマー、有期契約労働者らとの処遇の相違が不法行為になり得るため、損害賠償の対象となる場合もあることにも留意すべきです。

山本圭子　法政大学講師

 **就業規則に定めがあれば、本人の個別同意がなくても転勤や出向を命じられるか**

 転勤・出向規程が存する場合であって、当該異動命令が法令に反せず、人事権濫用にも当たらなければ、異動を命ずることができる

1　転勤命令の根拠と就業規則

　転勤とは、一般に、住居の変更を伴う配置転換をいいます。転勤に関するリーディングケースである東亜ペイント事件（最高裁二小　昭61.7.14判決）では、労働協約および就業規則に、業務上の都合により従業員に転勤を命ずることができる旨の定めがあり、現に全国転勤を頻繁に行っており、採用時に勤務地限定の特約も存しない場合において、使用者は個別的同意なしに転勤を命ずる権限を有するとしています。

　さらに、同判決は、使用者の転勤命令権は無制約に行使できるものではなく、これを濫用することは許されないとした上で、「転勤命令につき業務上の必要性が存しない場合又は業務上の必要性が存する場合であっても、当該転勤命令が他の不当な動機・目的をもってなされたものであるとき若しくは労働者に対し通常甘受すべき程度を著しく超える不

利益を負わせるものであるとき等、特段の事情の存する場合でない限り
は、当該転勤命令は権利の濫用になるものではない」としました。

　転勤命令についても、労契法3条4項「労働者及び使用者は、労働契
約を遵守するとともに、信義に従い誠実に、権利を行使し、及び義務を
履行しなければならない」（信義誠実の原則）、同条5項「労働者及び使
用者は、労働契約に基づく権利の行使に当たっては、それを濫用するこ
とがあってはならない」（権利濫用法理）が適用になります。加えて、
育児・介護休業法26条では転勤に際しての配慮義務（「事業主は、その
雇用する労働者の配置の変更で就業の場所の変更を伴うものをしようと
する場合において、その就業の場所の変更により就業しつつその子の養
育又は家族の介護を行うことが困難となることとなる労働者がいるとき
は、当該労働者の子の養育又は家族の介護の状況に配慮しなければなら
ない」）を定めています。配慮の内容としては、例えば、当該労働者の
子の養育または家族の介護の状況を把握すること、労働者本人の意向を
斟酌すること、配置の変更で就業の場所の変更を伴うものをした場合の
子の養育または家族の介護の代替手段の有無の確認を行うこと等がある
とされています（「子の養育又は家族の介護を行い、又は行うこととな
る労働者の職業生活と家庭生活との両立が図られるようにするために事
業主が講ずべき措置に関する指針」平21.12.28　厚労告509）。

　なお、厚生労働省は「転勤に関する雇用管理のヒントと手法」（平成
29〔2017〕年3月30日）を公表しており、事業主が従業員の転勤の在り
方を見直す際に参考となります。

② 出向命令の根拠と限界

　出向（在籍出向）は、雇用契約に基づき、出向元に在籍しながら他社
（出向先）に赴き、かつ出向先の従業員となりその指揮監督に従い、出
向先の業務に従事するものをいいます。出向は、企業内配転である転勤

等とは異なり、異動が企業間で行われることから、民法625条（使用者は、労働者の承諾がなければ、その権利を第三者に譲渡することはできない）が適用されます。この民法625条の「労働者の承諾」とは、①出向に対する個別具体的な同意、つまり、具体的なある出向先への出向が決まったときに、その都度、労働者本人から同意を得ることを要するのか、②労働協約や就業規則に出向規程が存する場合には出向に応ずることが労働契約の内容となっているという包括的な同意があるとみて、これらに基づき出向を命ずることができると解することができるのか──という議論があります。

裁判例は、②を採用し、労働協約や就業規則に出向規程が存し、出向に際して出向先企業の範囲、出向期間や賃金、退職金など出向期間中の労働条件に関して明示されている場合で、出向命令が人事権濫用に当たらない場合には、労働者の個別の同意がない場合でも、出向命令の効力を肯定しています（新日本製鐵［日鐵運輸第2］事件　最高裁二小　平15.4.18判決）。

労契法14条は、「使用者が労働者に出向を命ずることができる場合において、当該出向の命令が、その必要性、対象労働者の選定に係る事情その他の事情に照らして、その権利を濫用したものと認められる場合には、当該命令は、無効とする」として、出向に権利濫用法理が適用されることと、その判断基準を示しました。この「出向を命ずることができる場合」とは、出向命令の根拠規定が労働協約や就業規則に存するか、個別の同意がある場合を指します。また、出向命令に際し、出向先、出向中の労働条件、出向期間の取り扱い等を明示した上で、出向の必要性が存し、人選等が適正であり、不当な動機・目的、違法性がなく、労働者が被る不利益が著しくないといった場合には、当該出向命令は権利濫用に当たらず有効となります。

山本圭子　法政大学講師

 **出向社員には出向先と出向元のどちらの就業規則が適用されるのか**

A 出向元と出向先との間の出向契約等による

1 出向と雇用関係

　出向とは、労働者が労働契約関係にある出向元に在籍のままで、出向契約に基づき、出向先と労働契約を締結して出向先の指揮監督の下で労務提供をすることをいいます。

　出向に際しては、出向社員は、出向元とも、出向先とも雇用関係を結んでおり、二重の雇用関係にあります。したがって、出向元も出向先も、当該出向社員に対し、労基法上の使用者としての責任を負っています。

　出向に当たり、①出向社員に、出向元、出向先のいずれの就業規則が適用されるのか、②出向元、出向先のそれぞれの事業場において出向社員を労基法89条の「常時使用する労働者」としてカウントすべきかが問題となります。①については次ので検討することとしますが、②については、出向社員は出向元、出向先それぞれの事業場に在籍しているので、それぞれにおいて常時使用する労働者としてカウントすべきと解されます。

2 出向社員と就業規則の適用関係

　出向社員の就業規則の適用については、出向元と出向先との間で協議して決定すべきものであり、通常、両者の出向契約の内容に盛り込まれ

図表1-4●出向に際しての出向元・出向先の使用者の責任

労基法の規定内容	法令の適用	
	出向元	出向先
退職、解雇	○	−
賃金関係	一般的には出向先で支払う（ただし、出向契約の定めがある場合にはそれによる）	
労働時間・休憩、休日、休暇関係	−	○
安全衛生関係	−	○
労災補償関係	法定外補償等については取り決めによる	○（原則）
就業規則関係	それぞれが権限を有する範囲内で適用	
懲戒	○	○（懲戒解雇を除く）
労働者名簿、賃金台帳関係	○	○

ています。これは、出向元と出向先との間において、使用者としての責任をどのように分担するか、また出向社員に対して共同して使用者責任を負う部分をいかに定めるのかということであって、あらかじめ出向社員に示しておくべきものです。

　出向社員についての就業規則の適用関係の一般的な対応を示すと、以下のとおりとなります。

　まず、出向先における労働時間、休日等の労働条件に関しては、出向先の就業規則が適用される場合が多く見られます。

　賃金については、出向元の就業規則（賃金規程等）によるか出向先の規程によるかは、出向元と出向先との協議に基づいて決定します。通常は、出向先会社が最終的に全額負担するケースが多く見られます。出向に際して、労働者にどちらの就業規則（賃金規程等）が適用になるのかを明らかにしておく必要があります。

　懲戒については、出向元、出向先それぞれがその懲戒規程に基づき懲戒権を有していると解されており（勧業不動産販売・勧業不動産事件東京地裁　平4.12.25判決）、出向先で非違行為をした労働者に対し、出向先が処分をし、出向元がさらに処分を行っても、二重処分とはならな

いと解されています。

このほか、社宅の貸与や労災の法定外補償、私傷病扶助等といった福利厚生関係については、出向元と出向先との取り決めによります。

なお、出向元への復帰や、退職、解雇といった労働者としての地位の得失に関する規定は、出向元の規定が適用されると解されています。

山本圭子　法政大学講師

 **派遣労働者には派遣先と派遣元のどちらの就業規則・労使協定が適用されるのか**

 派遣労働者には派遣元の就業規則・労使協定が適用になる

1　派遣労働者と就業規則

労働者派遣とは、派遣労働者が派遣元事業主に雇用され、派遣先に派遣されて、派遣先の指揮命令を受けて就労する形態です。派遣労働者と派遣先との間には雇用関係が存しないことから、派遣労働者には、派遣元の就業規則が適用となります。

2　派遣労働者に適用される就業規則

派遣元の各事業場では、派遣先に派遣中の派遣労働者とそれ以外の労働者（例えば営業担当者や事務員等）とを合わせて常時10人以上の労働者を使用している場合には、就業規則の作成義務を負います（労基法

図表1-5 ●労働者派遣

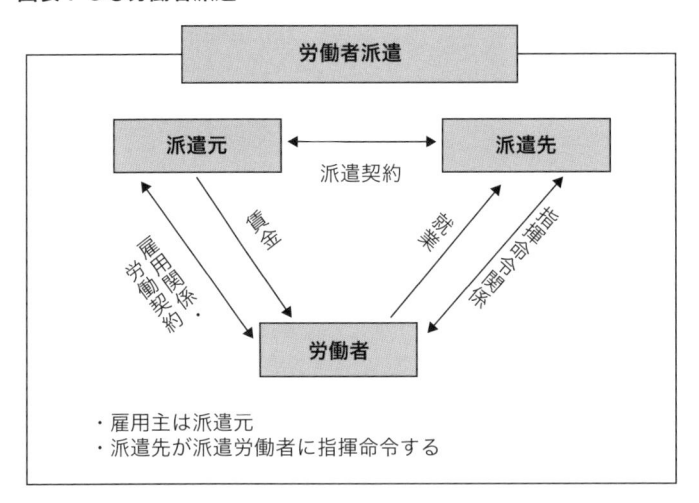

資料出所：厚生労働省「労働者派遣事業を適正に実施するために－許可・
更新等手続マニュアル－」（平成30［2018］年1月）より

89条）。

　派遣元で就業規則を作成するに当たっては、労基法90条1項に基づき、当該事業場に労働者の過半数組合がある場合にはその労働組合、過半数組合がない場合には労働者の過半数を代表する者の意見を聴取しなければなりません。

　その場合の「労働者」とは、当該派遣元の当該事業場のすべての労働者であって、派遣中の労働者とそれ以外の労働者との両者を含みます。

　派遣元では、派遣労働者が、複数の派遣先に派遣されているために、意見交換の機会が少ない場合があります。その場合には、過半数代表者選任のための投票等に併せて就業規則案に対する意見を派遣労働者に提出させ、これを代表者が集約する等により、派遣労働者の意思が反映されることが望ましいとされています（昭61.6.6　基発333）。

　なお、労働者派遣法には規定がありませんが、Q7で述べたパートタイマー就業規則の作成に関するパート労働法7条の考え方を考慮します

と、派遣元において派遣労働者用の就業規則を作成・変更するに当たっては、その就業規則が適用になる派遣労働者の過半数の意見を聴取することが望ましいことは言うまでもありません。

③ 派遣労働者に適用される労使協定

36協定をはじめとする各種の労基法上の労使協定は、派遣労働者に対しては、派遣元のものが適用されます。派遣先の労使協定の適用の余地はありません。また、育児・介護休業法上の労使協定や、高年齢者雇用安定法の労使協定も、派遣元のものが適用されます。

④ 就業規則・労使協定の周知義務

労基法106条は、法令、労使協定、就業規則等の周知義務を使用者に課していることから、派遣労働者に対しても派遣元は就業規則・労使協定等の周知を行わなければなりません。周知方法としては、労基法および労基則所定の方法で実施することとなりますが（Q10参照）、派遣元の作業場に備え付けておいても、派遣先で就労している派遣労働者が確認することは困難でしょうから、就業規則を交付することやコンピュータ上で確認可能とするなどの工夫が必要でしょう。なお、個々の派遣労働者の就労先での就労条件については、派遣元において、派遣労働者に就業条件明示書等を交付することとなっています（「派遣元事業主が講ずべき措置に関する指針」平11.11.17　労告137）。

⑤ 派遣元の就業規則の規定内容

派遣元で作成する派遣労働者に関する就業規則の作成・変更に当たっても、労基法89条、90条が適用され、規定には89条の絶対的必要記載

事項を網羅する必要があります。また、制度があるのであれば、相対的必要記載事項も定めます。派遣労働者に適用される就業規則に規定しておくべき事項としては、派遣労働者のキャリアの形成の支援に関する規定、派遣契約解除の場合の措置、休業手当、相談・苦情処理窓口等があります。また、必要に応じて、派遣先で知り得た情報等についての守秘義務、派遣先での職務発明や職務著作についての権利関係、有期労働契約の更新、無期転換制度等を定めておきます。

山本圭子　法政大学講師

 **いわゆる「就業規則の不利益変更」に関する基本的な考え方とは何か**

 変更の「必要性」と内容の「合理性」の両面から判断され、変更後の就業規則を周知することが必要

 就業規則の不利益変更は許されるのか

　使用者が、労働者にとって労働条件を不利益に変更することは許されるのでしょうか。この点について、リーディングケースである秋北バス事件（最高裁大法廷　昭43.12.25判決）は、就業規則による定年制の新設が争われた事案について、「新たな就業規則の作成又は変更によつて、既得の権利を奪い、労働者に不利益な労働条件を一方的に課することは、原則として、許されないと解すべきであるが、労働条件の集合的処理、特にその統一的かつ画一的な決定を建前とする就業規則の性質からいつて、当該規則条項が合理的なものであるかぎり、個々の労働者において、

これに同意しないことを理由として、その適用を拒否することは許されない」と判示しています。

これが労契法で明文化され、前段が、労契法9条の「使用者は、労働者と合意することなく、就業規則を変更することにより、労働者の不利益に労働契約の内容である労働条件を変更することはできない。ただし、次条の場合は、この限りでない」に、後段が、労契法10条本文の「使用者が就業規則の変更により労働条件を変更する場合において、変更後の就業規則を労働者に周知させ、かつ、就業規則の変更が、労働者の受ける不利益の程度、労働条件の変更の必要性、変更後の就業規則の内容の相当性、労働組合等との交渉の状況その他の就業規則の変更に係る事情に照らして合理的なものであるときは、労働契約の内容である労働条件は、当該変更後の就業規則に定めるところによるものとする」になりました。

② 就業規則の不利益変更の判断基準

上記のように、労契法9条、10条は、従来の判例法理を明文化したものであって、立法趣旨としては、判例法理に「何も足さない」「何も引かない」と解されています。

秋北バス事件判決以降、判例は、就業規則による労働条件の不利益変更の拘束力について、変更の必要性の存否および変更後の就業規則の合理性を総合的に考慮の上で判断してきています（タケダシステム事件最高裁二小　昭58.11.25判決）。

大曲市農協事件（最高裁三小　昭63.2.16判決）、第四銀行事件（最高裁二小　平9.2.28判決）、みちのく銀行事件（最高裁一小　平12.9.7判決）などでは、「特に、賃金、退職金など労働者にとって重要な権利、労働条件に関し実質的な不利益を及ぼす就業規則の作成又は変更については、当該条項が、そのような不利益を労働者に法的に受忍させることを

許容することができるだけの高度の必要性に基づいた合理的な内容のものである場合において、その効力を生ずる」としています。

そして、その合理性の有無は、「労働者が被る不利益の程度、使用者側の変更の必要性の内容・程度、変更後の就業規則の内容自体の相当性、代償措置その他関連する他の労働条件の改善状況、労働組合等との交渉の経緯、他の労働組合又は他の従業員の対応、同種事項に関する我が国社会における一般的状況等を総合考慮して判断すべきである」とされています。

これらから抽出される不利益変更の判断要素は、次の8項目に分類できます。

①変更の必要性の内容・程度

労働条件の不利益変更の必要性が生じているかどうか。特に、賃金・退職金変更の必要性については、「高度の必要性」を要すると解されています。

②変更により労働者が被る不利益の内容・程度

労働者が就業規則の変更によって被る不利益の程度や内容が問題となります。従前の労働条件に比べて、どのくらい低下したか。さらに⑦の世間相場や業界相場等との比較においても問題となります。

③変更後の就業規則の内容自体の相当性

④代償措置その他関連する他の労働条件の改善状況

一方的な労働条件の引き下げではなく、関連する労働条件の改善等といった代償措置を講ずることにより、労働者の被る不利益を緩和しているか、さらには労働者の納得性を高める対応をしたかが問われます（代償措置を講じなかったこと等を理由として、就業規則の不利益変更の拘束力を否定した例として、御國ハイヤー事件［最高裁二小　昭58.7.15判決］があります）。

⑤労働組合等との団体交渉、労使協議等

労働組合等との団体交渉の有無、その経緯、妥結の有無や、労使協議

の実施の有無が問われます。労働組合や労使協議制度が存しない場合には、労働者側への説明会の開催や説明文書の配布、意見聴取の実施等を十分に行ったか否か、その際の説明内容等がどのように行われたか等が問われます。

⑥他の労働組合または他の労働者の対応等

　組合併存の場合には、一方の労働組合が変更に同意し、他方が反対するということがあります。そのような場合に、多数組合はどのような判断をしたか（第一小型ハイヤー事件　最高裁二小　平4.7.13判決）、その背景・事情はどのようなものであったかということ等が、裁判例では個別事案に即した形で判断されてきました。

　組合が存しない場合では、多数労働者の同意の有無を見ます。また、変更によって不利益を被る労働者の同意の有無等も問題となります。

　なお、前掲の第四銀行事件では、原告は管理職で非組合員であったことから、多数組合における意見集約に参加の機会がなかったのですが、そのような場合には、労働者意思形成への参加の可否も重視されます。

⑦変更した内容と同業他社、他産業の水準との比較など社会的妥当性

　いわゆる世間相場が考慮されます。同業他社、他産業の水準との比較など社会的妥当性を見ます。また、同種事項に関する我が国の社会一般的状況等も判断において加味されます。

⑧経過措置の有無、内容

　前掲の第四銀行事件判決以降、急激に労働条件を引き下げるのではなく、ソフトランディングのための経過措置を講じたか、その内容は十分であったかといった点が重視されています。例えば、前掲みちのく銀行事件の最高裁判決では、賃金体系の変更について、特定層のみに大きな負担を負わせ、経過措置も不十分であったとして、変更の効力を否定しています。

　また、ハクスイテック事件（大阪高裁　平13.8.30判決）は、年功賃

金から能力主義・成果主義への賃金制度の改定、給与規程の変更を就業規則の変更によって行った事案ですが、成果主義賃金への移行は労働条件の不利益変更に当たりますが、賃金が減額する労働者に対し、最長、向こう10年間の補償措置を講じていることから、就業規則の変更を有効と判断している例です。

③ 個別同意に基づく労働条件の引き下げ

　山梨県民信用組合（差戻・高裁）事件（東京高裁　平28.11.24判決）は、企業合併等に伴う退職金支給に係る規定の不利益変更が争われました。退職金支給基準等の引き下げに当たり、労働者らに個別に同意書、報告書に署名等を求めていた事案ですが、差戻審は、差戻前の最高裁（最高裁二小　平28.2.19判決）を踏襲して、変更についての本件同意書および本件報告書への署名等について、①当該変更により労働者にもたらされる不利益の程度および内容、②労働者により当該行為がされるに至った経緯およびその態様、③当該行為に先立つ労働者への情報提供または説明の内容等に照らして、当該行為が労働者の自由な意思に基づいてされたものと認めるに足りる合理的な理由が客観的に存在するか否かという観点からも判断されるべきものと解するのが相当との判断枠組みを示しました。そして、退職金の支給につき生ずる具体的な不利益の内容や程度についての情報提供や説明を受けていなかったという事情の下での、労働条件引き下げへの個別の同意については、自由意思に基づいた真意に基づくものとは認められないとして不利益変更の効力を否定しています。この事案に先立つ労働条件の不利益変更に係る労働者の個別同意に関する裁判例としては、協愛事件（大阪高裁　平22.3.18判決）、熊本信用金庫事件（熊本地裁　平26.1.24判決）等がありましたが、個別同意に基づく不利益変更について今後は、山梨県民信用組合事件最高裁判決によって示された判断枠組みに照らして、労働者に不利益をもたら

す内容の意思表示については、労働者の自由な意思に基づいたものと認めるに足りる合理的な理由が客観的に存在するか否かという枠組みにより慎重に判断されると考えられます。

山本圭子　法政大学講師

※不利益変更の詳細については第2章参照。

 就業規則を従業員に有利に変更する場合でも、従業員の意見聴取は必要か

 就業規則の変更に当たっては、その内容が従業員にとって有利・不利を問わず、意見聴取は必要

 就業規則の変更に当たっての意見聴取義務とは

　労基法89条は、常時10人以上の労働者を使用する使用者に就業規則の作成義務を課し、その手続きとして、同法90条1項は、使用者が就業規則を作成または変更する場合には、労働者の団体的意見を聴取すること、すなわち、当該事業場の過半数組合または過半数代表者からの意見聴取を義務付けています。

　労使間の団体交渉で締結する労働協約とは異なり、就業規則は、使用者が作成・変更するものであることから、昭和22（1947）年の労基法の制定以前には、就業規則を使用者が一方的に作成・変更するなどして、労働者に過酷な労働条件を定めたり、労働者の知らない過酷な制裁規定によって処罰されたりするなどの弊害が生じました。そこで、労基法では、就業規則の作成・変更に当たっては、労働者の団体的意見の聴取を

図表1-6 ●就業規則意見書（様式例）

意　　見　　書

年　　月　　日

_____ 殿

平成　　年　　月　　日付をもって意見を求められた就業規則案

について、下記のとおり意見を提出します。

記

_____

_____

_____

_____

_____

_____

_____

_____

_____

_____

_____

_____

_____

_____

労働組合の名称又は労働者の過半数を代表する者の　　職名

労働者の過半数を代表する者の選出方法（　　　　　氏名　　　　　　　　　㊞　　）

資料出所：東京労働局ホームページ

義務付けることによって、就業規則の内容を労働者の意見も踏まえた合理的なものとしようとしたのです。

労働者に有利に変更する場合にも意見聴取は必要か

前述のとおり、就業規則の作成・変更における労働者の意見聴取が、労働者保護の観点から制定されたとしますと、労働者に有利な内容に就業規則を変更する場合には、意見聴取を経なくてもよいのではないかという疑問が生じます。

しかしながら、労基法90条1項は、就業規則の不利益変更、有利変更を問わずに、意見聴取義務を課しているため、労働者にとって有利な内容への変更であっても意見聴取を行わなければなりません。

有利変更の場合でも、過半数組合ないし過半数代表者の意見書を添付して所轄の労働基準監督署長に届け出をしなければなりません。

労働局のホームページで公開している就業規則に対する意見書の様式例には、過半数代表者の選出方法の記載欄もあることから、過半数組合がある場合にはその旨を、過半数組合が存しない場合には民主的な手続きで過半数代表者を選出し、過半数代表の意見を聴取しなければなりません。

山本圭子　法政大学講師

第2章

不利益変更

労働条件の不利益変更には、どのような問題があるか

A 労働条件を規律する規範により不利益変更の方法は異なる

1 労働条件の内容を規律する規範

　労働契約の内容をなす労働条件は労使間の合意（労働契約）によって定まりますが、労働契約締結時に、使用者が合理的な労働条件を定める就業規則を周知していた場合には、労働契約の内容は、その就業規則で定める労働条件によります（労契法7条本文。なお、電電公社帯広局事件　最高裁一小　昭61.3.13判決、日立製作所武蔵工場事件　最高裁一小　平3.11.28判決は、同旨を判示）。就業規則の定める基準に達しない労働条件を内容とする労働契約を締結した場合は、その労働契約は無効となり、就業規則で定める基準によりますが（同法12条）、就業規則より有利な内容を合意している場合は、それが労働契約の内容となります（同法7条但し書き）。

　また、労働条件が労働協約により規律されている場合には、労働協約の規範的効力により、労働協約中の「労働条件」等の基準に違反する労働契約は無効となり、無効となった部分は労働協約の定めるところによります（労組法16条）。

② 労働条件を規律する規範の違いによる不利益変更方法の相違

■ 労働契約の変更による場合

　労働条件が就業規則よりも有利な労働契約によって規律されている場合には、労働条件を一方的に変更できず、労働条件を変更するためには、相手方の合意を要します（労契法8条）。労使間において労働条件の変更について合意があれば、変更の合理性等は問題となりません。

　問題は、労働者の同意（承諾）の認定です。最高裁は、山梨県民信用組合事件（最高裁二小　平28.2.19判決）で、不利益変更に対する労働者の同意の認定について、「当該変更に対する労働者の同意の有無についての判断は慎重にされるべきである。そうすると、就業規則に定められた賃金や退職金に関する労働条件の変更に対する労働者の同意の有無については、当該変更を受け入れる旨の労働者の行為の有無だけでなく、当該変更により労働者にもたらされる不利益の内容及び程度、労働者により当該行為がされるに至った経緯及びその態様、当該行為に先立つ労働者への情報提供又は説明の内容等に照らして、当該行為が労働者の自由な意思に基づいてされたものと認めるに足りる合理的な理由が客観的に存在するか否かという観点からも、判断されるべきものと解するのが相当である」と判示しています（Q22参照）。

　これに対し、労働者の同意なしに労働契約によって定められた労働条件を不利益に変更し得るか否かは、「変更解約告知」が認められるか否かによります。変更解約告知とは、「新たな労働条件による雇用の申し出を伴った従来の雇用契約の解約の意思表示であり、労働条件変更のために行われる解雇」を意味します。変更解約告知はこれを肯定するもの（スカンジナビア航空事件　東京地裁　平7.4.13決定）と否定するもの（大阪労働衛生センター第一病院事件　大阪地裁　平10.8.31判決）に分かれ、また、これを肯定する場合の要件設定についても議論があるところです。

就業規則による場合

　最高裁は、就業規則を変更し労働者に不利益な労働条件を一方的に課すことは「原則として」許されないとしていますが、労働条件の集合的処理を建前とする就業規則の性格から、その内容が「合理的なもの」である限り、不利益変更も許されるという判断枠組みを確立しており（秋北バス事件　最高裁大法廷　昭43.12.25判決、第四銀行事件　最高裁二小　平9.2.28判決、みちのく銀行事件　最高裁一小　平12.9.7判決）、労契法9条および10条はこれを明文化しています。しかし、これにより、「合理性」判断の予測可能性が高まったわけではなく、個別事案において、検討が必要です。

3 労働協約による場合

　最高裁（朝日火災海上保険［石堂・本訴］事件　最高裁一小　平9.3.27判決）は、定年および退職金算定方法を不利益に変更した労働協約の規範的効力に関し、「協約に定められた基準の全体としての合理性に照らせば、同協約が特定の又は一部の組合員を殊更不利益に取り扱うことを目的として締結されたなど労働組合の目的を逸脱して締結されたものとはいえ（ない）」として、不利益変更の効力を認めています。労働協約は、労使のギブアンドテイクにより合意されるので、不利益な労働協約であっても規範的効力を認めてよいとされています。ただし、労働協約の締結に至るプロセスの適正さは確保されていることが必要であり、これを欠く場合には、無効となることがあります（中根製作所事件　東京高裁　平12.7.26判決等）。

加茂善仁　弁護士（加茂法律事務所）

 **就業規則による不利益変更はどのような場合に認められるか**

 必要性および内容の両面から見て合理性を有すること、特に、賃金・退職金のような重要な労働条件の不利益変更は、高度の必要性に基づいた合理的な内容である場合に認められる

1 就業規則による不利益変更の現実的な必要性

　使用者は、雇用契約を通じて労働者を一定の組織の下に有機的に位置付け、業務を運営します。業務の組織的・効率的な運営をするためには、労働者の労働条件を集合的・統一的かつ画一的に決定することが必要です。使用者はこの目的を達するために、就業規則により労働条件を決定しています。

　ところで、雇用契約関係は、継続的な関係であるので、企業の経済的な要因（例えば不況や過当競争など）、あるいは企業運営上の要因（例えば経営の失敗など）により、労働者の労働条件を切り下げる必要が生ずる場合があります。この場合、解雇が自由であるならば、使用者は、切り下げた労働条件（変更する労働条件）に応じない労働者を解雇し、変更後の労働条件に応ずる労働者を雇い入れることにより労働条件を切り下げることができます。しかし、我が国では、解雇は解雇権濫用の禁止（労契法16条。なお、日本食塩製造事件　最高裁二小　昭50.4.25判決）により解雇が制約されるため、雇用関係の合理的な維持を図るために、集団的・統一的な労働条件変更法理として就業規則の不利益変更法理が必要となります。

② 就業規則の不利益変更の拘束力

　最高裁は、就業規則による労働条件の不利益変更について、秋北バス事件（最高裁大法廷　昭43.12.25判決）において、「新たな就業規則の作成又は変更によつて、既得の権利を奪い、労働者に不利益な労働条件を一方的に課することは、原則として、許されないと解すべきであるが、労働条件の集合的処理、特にその統一的かつ画一的な決定を建前とする就業規則の性質からいつて、当該規則条項が合理的なものであるかぎり、個々の労働者において、これに同意しないことを理由として、その適用を拒否することは許されないと解すべきであ（る）」と判示しました。

　その後、最高裁は、大曲市農協事件（最高裁三小　昭63.2.16判決）において変更の合理性について「当該規則条項が合理的なものであるとは、当該就業規則の作成又は変更が、その必要性及び内容の両面」から見て、「当該条項の法的規範性を是認できるだけの合理性を有する」ことをいうとし、「特に、賃金、退職金など」の重要な権利、労働条件の不利益変更は、「高度の必要性に基づいた合理的な内容のものである場合」において、効力を生ずると判示し、合理性は、「必要性及び内容」の両面から見ることおよび賃金・退職金等重要な労働条件に関する就業規則の不利益変更は「高度の必要性に基づいた合理的な内容」であることが必要であることを明らかにしました。以後、この判断枠組みは、第四銀行事件（最高裁二小　平9.2.28判決）、みちのく銀行事件（最高裁一小　平12.9.7判決）において確認引用され、最高裁判所の判例（就業規則の不利益変更法理）として確立しています。

　その後、上述した最高裁の就業規則の不利益変更法理は、労契法9条および10条において明文化されています。

加茂善仁　弁護士（加茂法律事務所）

Q020 労働協約による不利益変更であれば認められるのか

A 原則として規範的効力は認められるが、労働協約が労働組合の目的を逸脱して締結された場合や一部組合員に著しく不合理な場合は無効

1 労働協約の規範的効力

労働協約中の「労働条件その他の労働者の待遇に関する基準」に違反する労働契約の部分は無効となり、無効となった部分は、労働協約の「基準」の定めるところにより規律されます（労組法16条）。このように労働協約には、労働協約に違反する労働条件を定める労働契約の部分を無効とする「強行的効力」と、無効となった部分は労働協約の基準が定めた内容となるという「直律的効力」があり、この強行的効力および直律的効力を合わせて労働協約の「規範的効力」といいます。

2 労働協約の不利益変更の効力

問題は、労働協約により労働条件を不利益に変更した場合に、その労働協約は規範的効力が生ずるのかということです。最高裁は、退職金の基準支給率を不利益に変更する労働協約の効力について「同協約に定められた基準の全体としての合理性に照らせば、同協約が特定の又は一部の組合員を殊更不利益に取り扱うことを目的として締結されたなど労働組合の目的を逸脱して締結されたものとはいえず、その規範的効力を否定すべき理由はない」と判示し、労働協約の不利益変更の効力を認めています（朝日火災海上保険［石堂・本訴］事件　最高裁一小　平9.3.27

判決）。

　団体交渉を中心とした労使自治・協約自治（その結果としての労働協約）が認められている以上、労働条件を不利益に変更する場合でも原則として労働協約の規範的効力は認められるべきです。もっとも、このように言えるためには、労働協約締結に当たり、労働組合内において多数決原理が正常に機能していること、公正取り扱いの原理に違反しないことが求められます。

　裁判例を見ると、①労働協約により55歳以降の賃金を減額する（減額幅は約6.1 〜 9.2％）新賃金制度の効力が争われた事案について「全体として〈中略〉不合理（とはいえず）55歳以上の組合員をことさら不利に扱うことを目的として締結された（とはいえず）〈中略〉改訂に至る手続（も）組合規約に則っ（ており）〈中略〉組合員の意見を全く聞かずに一方的に進められたとまではいえず、〈中略〉本件改訂は組合の目的を逸脱して締結されたものとはいい難（い）」として規範的効力を認めています（日本鋼管［賃金減額］事件　横浜地裁　平12.7.17判決）。

　また、②会社再建計画として乗合バス事業を分社化し、希望退職者を約100名募集するとともに、「退職金制度を見直し退職者には減額後の退職金を支払う」「労働時間を延長し実働8時間とする」「割増賃金率を引き下げ、法定の2割5分増にする」などの労働協約について、本件会社再建計画には高度の必要性があり、新制度の趣旨それ自体不合理なものとはいえず、また、本件労働協約の内容は合理性を有するとし、「本件労働協約は、特定の又は一部の組合員を殊更不利益に取り扱うことを目的として締結されたなど労働組合の目的を逸脱して締結されたものとはいえず、原告らとの関係においても、その規範的効力を有する」とされています。そして、労働組合の目的を逸脱して締結されたか否かの検討に際しては、「個々の組合員が受ける不利益の程度、労働協約が締結されるに至った経緯、当時の会社の経営状態その他労働協約締結の必要性、労働協約に定められた基準の全体としての合理性などの諸事情を斟

酌して総合的に判断」すべきものとされています（箱根登山鉄道事件　東京高裁　平17.9.29判決）。

　これに対し、③基本給を53歳到達時に5％、55歳到達時に15％、58歳到達時に3％減額する労働協約を締結したが、必要な大会決議の代わりに代議員会で決議した事案について、「本件労働協約締結にあたって組合大会で決議されたことはないから〈中略〉、本件労働協約は、労働組合の協約締結権限に瑕疵があり無効」とされ（中根製作所事件　最高裁三小　平12.11.28決定。東京高裁　平12.7.26判決。なお、同判決は賃金減額の必要性、合理性も欠くとしています）、④同様に56歳以上で希望退職に応募しなかった組合員の基本給を一律30％減額する労働協約を締結したが、協約締結に必要な組合大会の決議を経なかった事案について「労働組合の協約締結権限に瑕疵がある」とし、さらに、「56歳以上の従業員の基本給を一律30％減額することについて合理性はない」として「本件協約は、手続的に瑕疵があるだけでなく、内容的にも〈中略〉合理性を欠くから」規範的効力はないとされています（鞆鉄道事件　広島高裁　平16.4.15判決、最高裁二小　平17.10.28決定）。

　⑤さらに、退職金支給指数を引き下げた労働協約（減額率14.2％、引き下げ額538万円余）の効力について、組合内部で民主的な意見集約・調整がなされておらず、内容の合理性・必要性の点につき疑問があるとして「労働組合の目的を逸脱して締結されたもの」として、効力を否定する例があります（中央建設国民健康保険組合事件　東京地裁　平19.10.5判決）。

　協約自治が認められるといっても、それは、労働協約の締結が適法になされていなければならず、組合内手続きが適法になされていない場合には、「組合の目的を逸脱して締結された」ものとして効力は認められません。

　したがって、労働協約の効力が否定される「労働組合の目的を逸脱」して締結された場合とは、意思集約手続きに瑕疵がある場合と考えられ

ます。

　しかし、他方、労働協約締結の手続きについては、「組合内部で十分
な討議がされたか否かは組合内部の問題であって、組合と対立交渉する
使用者としては通常知り得ないことであるし、いかなる程度まで討議を
尽くすか、労使交渉に当該組合員の意思をいかなる方法で反映させるか
（組合決議を経た上で、組合を代表する執行委員が協定締結することも、
反対組合員の意思反映の一方法である。）は、基本的に組合の自主的な
判断に委ねられていると解すべきである。また、不利益変更に合理的な
根拠が存するか否かについても、それが、労働協定の対象となる事項で
あり、かつ、労働条件を不利益に変更される組合員の個別的な授権を要
するような場合でない限り、右と同様に、組合の決議その他の自主的な
判断に委ねられていると解すべきである。これらについて、組合の自主
的判断を度外視して労働協定の規範的効力の有無を論じるときは、労働
協約の効力を不安定なものとするし、これを避けようとすると、使用者
が、組合意思の形成過程にまで容喙したり、組合とは別個に協定締結に
反対する組合員との個別交渉することを許容せざるを得なくなるなどす
るのであって、ひいては組合の自治や統制権を制約することにもなりか
ねない」と判示した裁判例もあります（茨木高槻交通［賃金請求］事件
大阪地裁　平11.4.28判決）。したがって、労働協約締結手続きについて
の司法審査を認めるとしても、それにはおのずと限度があり、せいぜい、
多くの裁判例が認めているように、組合規約に違反して労働協約が締結
されたといえるか否かまでであり、それ以上に内部に立ち入り交渉のプ
ロセスまで審査すべきとするのは行き過ぎと考えられます。

　その意味で、前掲⑤中央建設国民健康保険組合事件（東京地裁）判決
は、妥当とは思われません。なお、同控訴審判決（東京高裁　平20.4.23
判決）は、「平成17年6月29日、臨時大会において本件改定案を受け入
れる旨の執行部案が出席者46名中44名の賛成多数で可決され、その後
1回の団体交渉を経て、同年7月19日、臨時大会において本件労働協約

を締結することが出席者49名中47名の賛成多数で承認された上で本件労働協約が締結された」とし、「職員組合における意思決定過程の公正さを疑わせるに足りない」と判示しています。そして、「本件労働協約が特定の又は一部の組合員を殊更不利益に取り扱うことを目的として締結されたなど労働組合の目的を逸脱して締結されたものと認めるに足りないというべき」として、規範的効力を認めています。

加茂善仁　弁護士（加茂法律事務所）

就業規則の不利益変更を有効とする「合理性」の判断は、どのような基準でなされるのか

A 変更により労働者が被る不利益の程度、使用者側の変更の必要性の内容・程度、変更後の就業規則の内容自体の相当性、代償措置その他関連する他の労働条件の改善状況、労働組合等との交渉の経緯、他の労働組合または他の従業員の対応、同種事項に関する我が国社会の一般的状況等を総合考慮して判断する

1　不利益変更の合理性の判断枠組み

　労契法10条本文は、使用者が就業規則により労働条件を不利益変更する場合において、「労働者の受ける不利益の程度、労働条件の変更の必要性、変更後の就業規則の内容の相当性、労働組合等との交渉等の状況その他の就業規則の変更に係る事情に照らして合理的なもの」であるときは、就業規則の不利益変更の効力が生ずる旨を定めています。

　これは、就業規則の不利益変更における合理性の有無の判断について、最高裁が、「就業規則の変更によって労働者が被る不利益の程度、使用

者側の変更の必要性の内容・程度、変更後の就業規則の内容自体の相当性、代償措置その他関連する他の労働条件の改善状況、労働組合等との交渉の経緯、他の労働組合又は他の従業員の対応、同種事項に関する我が国社会における一般的状況等を総合考慮して判断すべきである」と判断し（第四銀行事件　最高裁二小　平9.2.28判決）、その後、みちのく銀行事件の最高裁判例（最高裁一小　平12.9.7判決）においても同様の判断が示され、最高裁判所の判断枠組みとして確立したものが、リステイトメント（言い換え）の形で労契法10条に明文化されました。

② 合理性判断における多数組合との合意

　「合理性」の判断枠組みは前記のごとききものであり、「総合考慮」で判断されるから、予測可能性が高くないという問題があります。

　就業規則の不利益変更の問題は、労使間の権利義務の存否をめぐる紛争ではなく、労使間の労働条件をどのあたりで落ち着ける（合意する）かという、利益紛争であるので、本来、労使間の協議によって解決するのが望ましいといえます。したがって、労働組合との交渉により合意（労働協約を締結）し、この合意に基づき就業規則を変更する場合には（この場合、当該組合の組合員については、原則として労働協約の規範的効力が及ぶ一方で、非組合員や他組合の組合員については、就業規則の不利益変更の拘束力の問題となります）、変更後の就業規則は労使間の利益調整がなされたものとして合理性が推定されるといってよいでしょう（前掲第四銀行事件）。これに対し、前掲みちのく銀行事件の最高裁判決が、同種事案につき「労組の同意を大きな考慮要素と評価することは相当ではない」と判示したため、第四銀行事件の最高裁判決で示された労使合意による合理性の推定という判断手法は否定されたとする見方もあります。しかし、みちのく銀行事件の最高裁判決は、「被る不利益性の程度や内容」からみてと述べており、高齢者が極めて大きな不利益を受

ける事案であったため合理性推定が否定された例外事案であるといえます。また、同事案は、不利益を受ける高齢者の多くが、別組合に加盟しており、本件不利益変更に同意した組合内部において、高齢者の意思が十分に反映されていなかったとみられる例外事例ともいえ、第四銀行事件最高裁判決が示した、組合と労働協約を締結した上で行われた就業規則の変更を「労使間の利益調整がされた結果として合理的なもの」とする判断は、なお維持されていると考えられます。

すなわち、みちのく銀行事件の最高裁判決以降も、労働組合との協議・合意を経てなされた就業規則の変更について、裁判例は以下に述べるように、利益調整がなされたものとして合理性を推定しています。

①銀行の経営環境が急激に悪化している状況下において、生き残りをかけた諸策をとる中で高齢者に対し不利益となる賃金制度を、全従業員の4分の3を組織する労働組合と合意して実施したケースについて、「被告と労組との間では協議が尽くされ、労組は新人事制度を容認しており、利害調整はなされているといえることからすると、本件就業規則等変更は、〈中略〉高度の必要性に基づいた合理的な内容のものである」（第三銀行［複線型コース別制度］事件　津地裁　平16.10.28判決）と判示し、②企業評価の向上を目的に労働組合の同意を得た上で基準賃金を2年間、10％程度削減する就業規則の不利益変更について、「〈編注：労働組合が〉同意しているのであるから、〈中略〉その同意は十分な利害調整を経て形成されたものと推定されることからすると、賃金削減の割合、期間についても相当な範囲内のものであったと推認される」としています（住友重機械工業［賃金減額］事件　東京地裁　平19.2.14判決）。その他、③タクシー乗務員の定着を図り、労基法違反を解消するために新賃金体系を作成し、多数組合と合意の上実施したところ、新賃金体系では、仮定賃金を想定した場合、1％弱から4％まで賃率が減少し、営業収入に対する賃金総額の比率も2％未満の減少にとどまるケースについて、「新賃金体系については、被告〈編注：会社〉と〈編注：新労働組合。組合

員数14名〉は、新賃金体系の協定書を締結させ、〈中略〉非組合員〈編注：組合員数27名〉からも何らの反対意見が出されていないことからすると、新賃金体系の内容は、労使間の利益調整がされた結果として合理的なものであると一応推認することができ、〈中略〉変更を図ることの必要性及び相当性を肯定することができる」と判断しています（初雁交通事件 さいたま地裁川越支部 平20.10.23判決）。

③ 経過措置等

　労働条件の不利益変更に当たり、経過措置ないし緩和措置を設けることは不利益の緩和として重要です。第四銀行事件の最高裁判決の法廷意見では、この点は触れられていませんが、みちのく銀行事件の最高裁判決においては「一方的に不利益を受ける労働者について不利益性を緩和するなどの経過措置を設けることによる適切な救済を併せ図るべきである」とされています。

　下級審判例においても、経過措置ないし緩和措置は合理性判断において重要な要素となっています（経過措置等を設けずあるいは不十分であるとして合理性が否定されたものとして、八王子信用金庫事件 東京高裁 平13.12.11判決、キョーイクソフト事件 東京地裁八王子支部 平14.6.17判決）。

加茂善仁　弁護士（加茂法律事務所）

労働条件の不利益変更に関する同意を取る場合、どのように行うべきか

A 就業規則により労働条件が規律されている場合には、就業規則も変更した上で、変更により労働者にもたらされる不利益の内容および程度について十分な情報提供・説明をした上で、労働者の自由意思による同意を明確に取る必要がある

1 合意による労働条件の変更

労働契約は労使当事者の合意によって成立する（労契法6条）ので、労働契約の内容をなす労働条件も合意によって定められます。したがって、労働契約の内容をなす労働条件を不利益に変更するためには、労使間の合意が必要となります（同法8条）。

2 就業規則の最低基準効と合意の効力

就業規則については、「就業規則で定める基準に達しない労働条件を定める労働契約は、その部分については、無効とする。この場合において、無効となった部分は、就業規則で定める基準による」という最低基準効が認められています（労契法12条。この規定は労基法93条にありましたが、平成20年3月1日、労契法の施行により同法に規定されることとなりました）。このため、就業規則によって定められている労働条件を労使間の合意によって不利益に変更しても、それだけでは、不利益変更の効力は生ぜず、あくまでも「就業規則で定める基準」が効力を有しています。したがって、労使合意によって労働条件を不利益に変更するには、合意だけではできず、就業規則（あるいは労働協約）をそれに合わせて変更しておく必要もあります。

最高裁も、「月の途中において基本賃金を変更または指定した場合は、当月分の賃金は新旧いずれか高額の基本賃金を支払う」旨の規定がある場合に、賃金減額に同意した労働者が、減額前の高い賃金の支払いを求めた事案について「賃金減額には同意しているのであるが、就業規則で定める基準に達しない労働条件を定める労働契約は、その部分については無効とされ、無効となった部分は、就業規則で定める基準によることとされている〈中略〉のであるから」減額に同意した月の賃金についても、高額である従前の月の賃金の支払いを請求できるものとしています（北海道国際航空事件　最高裁一小　平15.12.18判決）。

　しかし、裁判例の中には、就業規則の賃上げ率と賞与の支給率を維持できなくなったので、労働者の同意を得ていずれも低い率で支給してきたところ、一部労働者が、就業規則に基づく請求をした事案について、「就業規則の基準を引き下げる労働契約が黙示に成立していた」として、請求を棄却したもの（野本商店事件　東京地裁　平9.3.25判決）、あるいは、会社と組合が「賃金増加額は退職金算出の基礎額に算入しない」旨の合意をしたが（ただし労働協約化されていない）、就業規則を改定せず、非組合員に対し、労使合意に基づく退職金を支給したことに対し、非組合員が、就業規則に基づいた退職金との差額を請求した事案について、「当事者間の雇用契約において、〈中略〉賃金引上額は退職金算定の基礎に算入しない旨の黙示の合意が成立するに至っていた」として、非組合員の請求を認容した原判決を破棄したものがあります（朝日火災海上保険事件　最高裁二小　平6.1.31判決）。しかし、これらの判断は労契法12条から見ると疑問があります。

③ 労働条件・就業規則の不利益変更に対する労働者の同意と不利益変更の効力

　労契法8条は、労使の合意による労働条件の変更を認め、同法9条は

「使用者は、労働者と合意することなく、就業規則を変更することにより、労働者の不利益に労働契約の内容である労働条件を変更することはできない」と定めています。この8条および9条は労働条件の変更の場面における合意原則を明らかにしたものですが、9条の反対解釈として、使用者は労働者の合意を得れば就業規則を不利益に変更することが可能となります。問題は、労働者の同意があれば、「合理性」いかんにかかわらず不利益変更の効力が生ずるのか、また、同意の認定はどのように行うのかという点にあります。

1 労働者の同意と不利益変更の「合理性」の要否

この点について学説は、変更の合理性を要するとの立場（合理性基準説）と労使合意を根拠に労働条件の変更は認められ、合理性は要件ではないとの立場（合意基準説）に分かれています。

最高裁（山梨県民信用組合事件　最高裁二小　平28.2.19判決）は、「労働契約の内容である労働条件は、労働者と使用者との個別の合意によって変更することができるものであり、このことは、就業規則に定められている労働条件を労働者の不利益に変更する場合であっても、その合意に際して就業規則の変更が必要とされることを除き、異なるものではないと解される（労働契約法8条、9条本文参照）」と判示し、合意基準説を採り、就業規則の不利益変更に労働者が同意をしている場合には、「合理性」の有無を問わず変更の効力が生ずることを明らかにしました。

2 不利益変更に関する労働者の同意の認定要素(同意認定の枠組み)

次に、労働者の同意（承諾）の認定の問題です。最高裁（前掲山梨県民信用組合事件）は、不利益変更に対する労働者の同意の認定の枠組みについて、「労働者が使用者に使用されてその指揮命令に服すべき立場に置かれており、自らの意思決定の基礎となる情報を収集する能力にも限界があることに照らせば、〈中略〉当該変更に対する労働者の同意の有無についての判断は慎重にされるべきである」とし、「就業規則に定められた賃金や退職金に関する労働条件の変更に対する労働者の同意の

有無については、当該変更を受け入れる旨の労働者の行為の有無だけでなく、当該変更により労働者にもたらされる不利益の内容及び程度、労働者により当該行為がされるに至った経緯及びその態様、当該行為に先立つ労働者への情報提供又は説明の内容等に照らして、当該行為が労働者の自由な意思に基づいてされたものと認めるに足りる合理的な理由が客観的に存在するか否かという観点からも、判断されるべきものと解するのが相当である」と判示しました。

これまでにも、労働条件の不利益変更に関する同意の有無について、情報の提供が不十分なことを理由として合意が否定されたものとして、東武スポーツ（宮の森カントリー倶楽部・労働条件変更）事件（東京高裁　平20.3.25判決、同事件　最高裁一小　平21.7.2決定）があります。

就業規則の不利益変更に対する労働者の「合意」の有無は個別事案ごとの事実認定の問題ですが、最高裁判決（前掲山梨県民信用組合事件）がいうように労使の情報力や交渉力の格差等から見ると、就業規則の不利益変更に関する労働者の同意は、不利益となる内容や程度について十分な情報提供・使用者の説明がなされた上でなされたものであることを要するとの一般論は否定し難いところです。したがって、労働条件や就業規則の不利益変更に対する労働者の同意は、使用者が、不利益に変更せざるを得ない事情および不利益の内容・程度について、十分説明した上で得る必要があるといえます。そのためには、具体的な説明をするに当たり、不利益の内容を記載した書面を交付するとか、質問に対し丁寧な回答をする（質問については、回答集にまとめて閲覧できるようにする）等、紛争に備えて説明資料や経緯をできるだけ客観的な証拠として保存しておくことなどが必要です。

加茂善仁　弁護士（加茂法律事務所）

 **裁判所で「変更に合理性がなく就業規則無効」の判断がされた場合、その影響はすべての社員に及ぶのか**

 法律的には、当該労働者に対する関係でのみ無効であり、全社員への影響はない。しかし、実務的には、再度、労働条件の統一を図る必要に迫られよう

1 判決の効力が及ぶ者の範囲

　民事訴訟にあっては、判決の効力は、訴訟の当事者に対してのみ及ぶのが原則です（民事訴訟法115条1項1号）。したがって、裁判所が「就業規則の不利益変更は無効である」として労働者が勝訴しても、就業規則の不利益変更を無効とする判決の効力は当該労働者と使用者間においてのみ及ぶにすぎず、全労働者との関係において変更後の（不利益な）就業規則が無効となるわけではありません。

2 不利益に変更された就業規則の効力が問題となる類型

　就業規則が不利益に変更された場合、当該就業規則の拘束力の及び方にはいくつかの類型が考えられます。まず、①多数組合が労働協約を締結し、それに基づき就業規則を変更したが、非組合員が、不利益変更は無効であるとして提訴し、判決により就業規則が無効と判断された場合があります。次に、②過半数組合Aと、少数組合Bという二つの組合が存在し、A組合が、不利益変更に合意し、労働協約を締結した上でそれに基づき就業規則の変更がなされたが、B組合とは合意できず、B組合の組合員や非組合員が就業規則の不利益変更は無効であるとして提訴し、判決により就業規則が無効とされた場合です。

そして、③労働組合がなく全労働者が就業規則の適用を受けている場合に、就業規則の不利益変更がなされ一部の労働者が訴訟を提起し、就業規則の変更を無効とする判決が出された場合も考えられます。

　①②の場合には、不利益変更に合意した労働組合の組合員については、労働協約が無効とされる事情（労働組合の存在目的を逸脱して労働協約を締結したような事情）がない限り、当該組合の組合員の労働条件は労働協約により規律されます（労組法16条。なお、Q20参照）ので、就業規則を無効とする判決の影響はありません。また、①において労働協約が一般的拘束力を認められる場合（労組法17条）には、「著しく不合理であると認められる特段の事情」がなければ、非組合員についても同様に規律されます（朝日火災海上保険事件　最高裁三小　平8.3.26判決）。

　問題は、①において、労働協約に一般的拘束力がない場合の非組合員、②のB組合の組合員や非組合員、あるいは③の場合です。判決において、無効とする理由いかんによりますが（判決の理由中に変更後の就業規則を全社員との関係で無効とするのではなく、訴訟を提起した社員との関係で無効とする場合もあれば、限定なしに無効とすることもあるでしょう）、多くの裁判例は、訴訟を提起した労働者との関係で無効と判示しており、全労働者との関係で就業規則の不利益変更を無効と判示するものは見当たりません（みちのく銀行事件　最高裁一小　平12.9.7判決は、「本件就業規則等変更のうち賃金減額の効果を有する部分は、上告人（提訴した労働者）らにその効力を及ぼすことができない」と判示しています。同旨八王子信用金庫事件　東京高裁　平13.12.11判決、キョーイクソフト事件　東京地裁八王子支部　平14.6.17判決、ノイズ研究所事件　横浜地裁川崎支部　平16.2.26判決）。しかし、就業規則の不利益変更を無効として、提訴した労働者についてのみ変更後の就業規則の適用を認めず、旧就業規則を適用することは、労働条件の統一的・画一的処理をするために認められている就業規則の性質と整合的といえるのか、問題

があります。実務的には、再度、労働条件の統一を図る必要に迫られるでしょう。

加茂善仁　弁護士（加茂法律事務所）

 **従来なかった「評価に基づく降格制度」を導入することは不利益変更として問題か**

 評価に基づく降格制度を導入することにより賃金等を減額することは、不利益変更の問題となる

1 降格の二義性

降格には、職制上の地位（役職ともいう）を下げる「降職」と、職能資格制度上の資格を下げる「降格」があります。

1 降職

従業員の中から誰かを管理者に任命するいわゆる「昇進」、またはその地位にあった者を何らかの理由（業績不振・業務不適格等を含む）により更迭する「降職（降格）」は、企業の人事権の裁量的行為であると解されています（部長職から一般職への5ランクの降格が問題となった星電社事件　神戸地裁　平3.3.14判決。課長職から課長補佐職相当への降格が問題となったバンクオブアメリカイリノイ事件　東京地裁　平7.12.4判決）。したがって、使用者が、労働者の能力、経験、実績、勤務態度、指導統率力、業務上の必要性等さまざまな要素を勘案して、当該役職にふさわしくないと判断する場合には、その役職を下げたり外したりすることは、就業規則等に根拠規定がなくても可能といえます。

2 降格

　これに対し、職能資格制度上の「資格」を下げることを「降格」といいます。降格は、一般的には予定されていないので、使用者の裁量判断だけではなし得ず、就業規則の明確な根拠と相当の理由が必要となります。

　裁判例においても、使用者が職能資格制度上の資格を引き下げるためには、「就業規則等における職能資格制度の定めにおいて、資格等級の見直しによる降格・降給の可能性が予定され、使用者にその権限が根拠づけられていることが必要である」とされています（アーク証券第1次仮処分事件　東京地裁　平8.12.11決定、同第2次仮処分事件　東京地裁　平10.7.17決定）。

2 評価に基づく降格制度の導入

　①**2**の職能資格制度を変更し、「評価に基づく降格制度」を導入することは、不利益変更になるか、なるとした場合の合理性の判断いかんが問題となります。

1 不利益変更

　評価によって降格される制度を導入することは、それ自体としては不利益といえるのか明確ではありません。

　これについて、もともと降格は予定されていなかったにもかかわらず、評価いかんによって降格の危険がある制度となる場合は、降格または減給の危険が制度導入時にどの程度顕在化する実情にあったかにより不利益性が判断されるとするものもありますが（アーク証券［本訴］事件　東京地裁　平12.1.31判決）、多くの裁判例は、形式的に不利益であれば、不利益性を認め、合理性判断の中で不利益の程度を考慮しています（第一小型ハイヤー事件　最高裁二小　平4.7.13判決、ハクスイテック事件　大阪高裁　平13.8.30判決）。したがって、評価に基づく降格制度を導入

することは、評価いかんにより降格という不利益のリスクがある以上、不利益変更に該当するというべきです。

2 合理性判断

　合理性は、変更の必要性の程度・内容、不利益の程度内容、代償措置、労使協議その他の事情の総合考慮に基づき判断されますが（Q21参照）、評価による降格制度にあって問題となるのは、「公平な評価制度」をいかに整備するかです。

　しかし、「公平な制度」か否かは、労使以外の第三者が判断するのは難しいので、「公平な評価制度」の導入に当たり、労使協議ないし合意が重要な判断要素となります。また、代償措置が取られることは、評価による降格制度の導入の合理性判断にあっても考慮されることは当然です。

加茂善仁　弁護士（加茂法律事務所）

 **成績優秀者の昇給を増額する一方、成績不良者は降給させる就業規則の改定は不利益変更として問題か**

 成績評価によって昇給・降給となるような就業規則の改定は不利益変更の問題となる

① 成果主義賃金制度の導入と不利益性

　近年、年功的な賃金制度を変更して、「成果主義賃金制度」を導入する企業が増えています。例えば、一定期間の成績を評価し、成績を基準として昇給・降給を決定する制度を導入するようなことです。

この場合、制度の改定内容それ自体については、降給といっても、その可能性があるだけで、直ちに降給となるわけではなく、逆に評価によっては昇給もあるため、果たして不利益といえるかが問題となります。しかし、この点について裁判所は、賃金制度の改定により、評価の結果、不利益になる可能性があれば、不利益変更に当たるものとしています（ハクスイテック事件　大阪地裁　平12.2.28判決、ノイズ研究所事件　東京高裁　平18.6.22判決。なお、第一小型ハイヤー事件　最高裁二小　平4.7.13判決も不利益性を形式的に判断しています）。

② 成果主義賃金制度の導入の合理性判断

　成果主義賃金制度の導入は、「賃金」についての不利益変更であるため、「高度の必要性に基づいた合理的な内容」であることが必要とされています（みちのく銀行事件　最高裁一小　平12.9.7判決）。これまでの判例に現れた賃金に関する不利益変更は、制度の変更内容により労働者に具体的な不利益が確実に生ずる事案であり、前記裁判所の判断は、これを前提としているものです。これに対し、成果主義賃金制度の導入は、企業の賃金処遇方針の変更にすぎず、しかも、成績評価によって昇給や降給があることから「高度の必要性」を要求する理由はないと考えられます。裁判例においては、給与制度を年功的な職能給から、成果主義的な職務給制度に変更し、これに伴い格付けを見直した結果、役職を解任されるとともに、その後も低い評価を受け、賃金が減額されたところ、経過措置として1年目は減額された賃金額の100％の補償、2年目は50％の補償、3年目は補償なしでは不十分であり、就業規則の不利益変更は無効であるとして変更前の制度に基づく賃金との差額の支払いを求めた事案について「どの従業員についても人事評価の結果次第で昇格も降格もあり得るのであって、自己研鑽による職務遂行能力等の向上により、昇格し、昇給することができるという平等な機会が与えられている

ということができるから〈中略〉人事考課査定に関する制度が合理的なものであるということができるのであれば、本件賃金制度の変更の内容もまた、合理的なものであるということができる」と判示し、人事評価制度も最低限必要なものは備えているとして合理的であるとされています（ノイズ研究所事件　東京高裁　平18.6.22判決）。

　成果主義賃金制度の導入は、経済活動のグローバル化による競争力強化や従業員の高齢化対策と関連して行われていることも多く見られることからすると、最高裁の判示する「高度の必要性」をそのまま維持するのは相当でなく、いま少し緩和された判断でよいと考えられます。

　近時の裁判例を見ると、四つのキャリアコースを設定して期待役割に応じた処遇体系を構築し、実績・成果は賞与に反映させ、同一コース・等級では同一俸給として定期昇給を廃止するという就業規則の不利益変更（この変更により賃金原資が2億9900万円減少し、原告については月額1万8000円［5.6％］減となる）について「不利益は相当に大きい」としつつ、整理回収機構が引き受けた優先株の一斉転換期限を延長することの見返りとしてなされた経営合理化の一環としてのものであること、当該銀行の給与水準がかなり高かったこと、組合との交渉においても結果として同意を得ていることなどから、合理性を認めたものがあります（X銀行事件　東京地裁　平25.2.26判決）。

③ 成果主義賃金制度の導入と代償措置・経過措置

　不利益変更の合理性判断に当たっては、代償措置・経過措置も重要な判断要素です（前掲みちのく銀行事件）が、設問のような成果主義賃金制度の導入に当たっては、代償措置・経過措置をそれほど厳格に求める必要はないと考えられます。前掲ノイズ研究所事件の東京高裁判決は、1審判決（横浜地裁川崎支部　平16.2.26判決）が経過措置として定めた2年間は、「余りに短く、減少額も急激であって代償措置としては不十

分である」とした判断を改め、「年功型賃金体系を大幅に改定するものであることにかんがみると、経過措置は実情に応じて可能な範囲で手厚いものであることが望ましい（ところ）本件（経過措置）は〈中略〉それなりの緩和措置としての意義を有する」として、不利益変更を「高度の必要性に基づいた合理的な内容のもの」として有効としました。

　成果主義賃金制度の導入は、その内容自体の不利益について合理性判断がされるべきものなので、制度自体としては、評価により成績が芳しくない者について経過措置を設けて賃金減額を緩和することは、制度趣旨に反することになりかねません。したがって、経過措置を設けるにせよ、それは緩和した形でよいと考えられます。その意味から、前掲ノイズ研究所事件の高裁判決が、1審判決と異なり、2年間の経過措置をもってそれなりの意義を有すると判示したことは相当であると考えられます。

　以上のように、成果主義的な賃金制度の導入における合理性判断は、制度の内容自体の合理性判断を中心として行うべきであり、個々の労働者への制度の適用結果の合理性ではないことに留意する必要があります。

加茂善仁　弁護士（加茂法律事務所）

Q026 就業規則に定める賃金制度を改定し、定期昇給制度を廃止することは不利益変更に当たるか

A 定昇制度の廃止は不利益変更に当たるが、競争力確保のために年功的処遇を改めることは合理性が高いといえる。ただし、労働組合あるいは従業員と十分に協議して廃止すべき

1 定期昇給制度とは

定期昇給(以下、定昇)制度とは、労働協約や就業規則等の定めに従って、一定の継続勤務を前提に、一定の期日に定期的に賃金を昇給させる制度をいいます。

2 定昇制度の内容と使用者の定昇義務

定昇は、その制度の内容によって、使用者が法的に一定金額以上の昇給を行う義務を負う場合(例えば、①就業規則[賃金規程]において「会社は、毎年4月1日をもって基本給の○％を昇給させる」などと定めている場合)もあれば、そうではなく、単に努力義務を負うにすぎない場合(例えば、②就業規則において「会社は、4月に定昇を行うことがある」「会社は、会社業績および本人の勤務成績に応じて昇給させることがある」という定めのある場合)等、さまざまです。

3 定昇制度の廃止と労働条件の不利益変更

賃金の決定・計算等に関する事項は、就業規則の絶対的必要記載事項ですから(労基法89条2号)、定昇制度は就業規則に規定されることに

なり、定昇制度の廃止は、就業規則の変更をもたらします。

ところで、定昇制度の内容が、前記❷で述べた使用者に定昇の努力義務を課すものにすぎない場合（前記例②）を別として、法的義務を課す内容の場合（前記例①）には、これを廃止することが不利益変更となるか否かが、まず問題となります。

定昇制度を廃止しても、変更後の制度内容によって、賃金が上昇する可能性があれば、直ちに不利益とはいえませんが、裁判例は、不利益性について、現に不利益となった場合ではなく、変更により不利益となる可能性があれば、不利益性を認めています（第一小型ハイヤー事件　最高裁二小　平4.7.13判決、ハクスイテック事件　大阪高裁　平13.8.30判決）。したがって、定昇の廃止により昇給がなくなる可能性がある以上、不利益変更に当たると考えられます。

④ 就業規則の不利益変更の効力と変更の際の留意点

■ 判断の枠組み

就業規則の不利益変更について、最高裁（例えば、第四銀行事件　最高裁二小　平9.2.28判決）は、合理的変更法理を採用し、賃金、退職金等の重要な労働条件の不利益変更については、「高度の必要性」に基づいた「合理的内容」であることが必要であるとしています。

そして、「合理性」の有無については、就業規則の変更によって労働者が被る不利益の程度、労働条件変更の必要性、変更後の就業規則の内容の相当性、労働組合等との交渉の状況、その他就業規則の変更に係る事情等を総合考慮して判断されます（労契法10条）。

■ 定昇廃止後の賃金制度内容の相当性

就業規則の変更内容の相当性は合理性の判断要素とされていますので、定昇制度廃止後の賃金制度の内容の相当性が求められます。定昇制度を廃止し、成果主義的な賃金制度を導入すること自体は、近時、多く

の企業で行われており、相当性を有すると考えられますが、裁判例に現れた事例を眺めてみますと、変更後の賃金制度において一度に10～15％以上の減額となる場合には、内容の相当性が認められることは難しいと考えられます。

❸ 定昇制度廃止の必要性・合理性

定昇制度は、賃金に関わるものであり、重要な労働条件に当たるといえます。

しかし、定昇制度を廃止し、例えば能力給といった成果主義的な賃金制度を導入するような場合には、成果いかんによって賃金が上昇する可能性もあり、また、従業員の処遇を年功型賃金から成果主義賃金へ変更して導入することは、合理的であることからみて（滋賀ウチダ事件　大津地裁　平18.10.13判決、ノイズ研究所事件　横浜地裁川崎支部　平16.2.26判決・東京高裁　平18.6.22判決・最高裁三小　平20.3.28決定）、「高度な必要性」を要求することは妥当とは思われません。競争力確保のために年功的処遇を改めることも、許容されると考えるべきです。

❹ 代償措置・経過措置

定昇制度を廃止することにより、実質的に給与額が下がるような場合には、その者に対する不利益を緩和・軽減する措置、あるいは経過措置を取る必要があります（みちのく銀行事件　最高裁一小　平12.9.7判決）。裁判例では、年功序列賃金を成果主義賃金に改める就業規則の改定により、大幅に賃金が下がる者に対する調整手当名下による2年間の補填について、代償措置として不十分であるとして、変更の合理性が否定され（前掲ノイズ研究所事件1審。なお、同事件控訴審判決は「それなりの緩和措置としての意義を有する」として、不利益変更を有効としています）、同様に年功賃金を業績重視型の賃金制度に変更することにより、月例賃金が15％減額となる者に対する緩和措置に見るべきものがない場合には、変更の合理性が否定されています（キョーイクソフト事件　東京地裁八王子支部　平14.6.17判決・東京高裁　平15.4.24判決）。した

がって、事案に応じた十分な代償措置・経過措置を講じ、不利益の緩和・軽減を考慮する必要があります。

5 労働者との協議・合意

　前掲第四銀行事件において、最高裁は就業規則の不利益変更が、労働組合との合意に基づき変更された場合には、「労使間の利益調整がされた結果としての合理的なものである」との推測ができるとしていましたが、前掲みちのく銀行事件においては、多数派組合との合意については「大きな考慮要素と評価することは相当ではない」と判示しました。しかし、みちのく銀行事件は、「不利益性の程度や内容」が重大な事案であり、合理性が推認されない例外事案と考えられます。

　いずれにせよ、労働組合がある場合には、協議を尽くし理解を得ることが必要ですし、労働組合がない場合でも、従業員の意思を反映させた上で、就業規則の改定（定昇制度の廃止を含む）を行うことが肝要です。

加茂善仁　弁護士（加茂法律事務所）

Q027 歩合給の導入は不利益変更の問題を生じるか

A 歩合給の導入は不利益変更となるが、業種によっては合理性のある賃金形態であるので、導入に当たり、代償措置・経過措置を取るとともに、労働組合や労働者と十分な協議を行うことが求められる

1　歩合給の導入と不利益変更の有無

　歩合給とは、労働時間で成果を測定することが困難な職種（例えば、タクシー運転手や生命保険の外交員など）で採用される賃金形態で、売

上高や契約高に対する一定の比率（歩合率）で支払われる賃金をいいます。歩合給が導入されても、売上高や契約高によって賃金額は増減し、必ずしも賃金が減額するとは限りません。そこで、このような歩合給の導入が「不利益変更」に当たるといえるのかが問題となります。この点について、タクシー運転手の歩合給の変更が争われた事案に関し裁判所は、「支給された平均賃金額がほぼ同一額であることをもってしても、同一売上高に対する賃金支給率の低下による賃金収入の減少が不可避である以上」不利益がないとはいえないため不利益変更に当たるとしており（第一小型ハイヤー事件　最高裁二小　平4.7.13判決）、同じく、タクシー運転手の賞与の廃止と月例給への一本化および年功給の廃止とそれに代わる歩合給（奨励給）の導入を基本とする就業規則の変更について、不利益変更に当たるとして、合理性判断を行っています（県南交通事件　東京高裁　平15.2.6判決）。

歩合給導入の合理性の判断

最高裁は、「賃金、退職金など」の重要な権利、労働条件の不利益変更については、「高度の必要性に基づいた合理的な内容」である場合に、その変更は有効になるとしています（みちのく銀行事件　最高裁一小　平12.9.7判決）。歩合給の導入は、賃金に関する不利益変更ですので、前述した最高裁の判断枠組みに従えば、歩合給を導入するためには、高度の必要性が求められるのではないかとも考えられます。しかし、歩合給は、労働者の出来高に応じ賃金を配分するものであるため、必要性を問題とするにしても、これを導入しなければ経営上の支障が生ずるといった「高度な必要性」を求める理由はないと考えられます。このことは、①前掲第一小型ハイヤー事件において最高裁が、歩合給の計算方式の変更につき、「その必要性及びその内容」からみて合理性を有することと判示するものの、「高度の必要性」を求めておらず、しかも「（歩合

給の）旧計算方法を変更しないとすれば、本件運賃値上げにより確保されるべき事業者の適正利益が侵害されるおそれも生じないではな（い）」として変更の必要性を肯定しました。また、②前掲県南交通事件においても、同業他社との競争力強化や新規の従業員の円滑な募集や在職従業員の雇用継続上の障害の除去という点から、歩合給導入の必要性を認めていることからも推察されます（なお、同判決は、上記事情をもって、文言としては「高度の必要性」がある、としています）。

次に、変更内容の合理性ですが、歩合給は、タクシー業界や保険の外交員などの業態においては、労働生産性に比例する公平で合理的な賃金という利点があり、また、従業員の勤労意欲の向上に資するなどの合理性や相当性も認められますので、代償措置が取られ、労働組合との交渉経緯や多数の従業員が賛成しているなどの適正な手順が踏まれていれば、合理的な内容のものとして有効と考えられます（前掲県南交通事件）。

加茂善仁　弁護士（加茂法律事務所）

 **65歳までの再雇用制度の導入（定年60歳）に伴い、55歳以上の社員の賃金を減額することは不利益変更か**

 不利益変更となるので、希望者全員を65歳までの再雇用の対象としない場合には、労働者に選択肢を用意する必要がある

① 高年齢者雇用安定法に基づく再雇用制度

高年齢者雇用安定法は、65歳未満の定年の定めをしている事業主は、その雇用する高年齢者の65歳までの安定した雇用を確保するため、①

定年年齢の引き上げ、②高年齢者が希望するときは、定年後も引き続き雇用する制度（以下、継続雇用制度）の導入、③当該定年の定めの廃止のいずれかの措置を講ずることを義務付けています（9条1項）。65歳までの「再雇用制度」の導入は、上記高年齢者雇用安定法の②継続雇用制度の一つです。

② 定年延長に伴う労働条件の不利益変更

ところで、定年延長の場合には、これに伴い延長した部分については、労働条件は存在しないので、従前より低額の賃金（労働条件）を設定しても、不利益変更には該当しません（日本貨物鉄道［定年時差別］事件名古屋地裁　平11.12.27判決。ただし、同事件では、就業規則の本則の定年年齢は60歳であり、付則で当面55歳定年としていたことから見て、実質的に労働条件の不利益変更に当たるとした上で、合理性を肯定しています）。

問題は、定年延長に伴い従前の賃金を不利益に変更する場合です。裁判例では、58歳まで賃金を維持した再雇用が確実である中で、定年を60歳に延長することに伴い、55歳以降の月例給与等を就業規則により不利益に変更した事案について、最高裁は、不利益はかなり大きいが、定年延長は高度の必要性があり、一方従前の定年である55歳以降の賃金水準を変更する必要性も高度なものであるとし、「60歳まで安定した雇用が確保されるという利益は、決して小さいものではな（く）」、福利厚生制度の適用延長や特別融資制度の新設など不利益緩和措置も取られ、90％で組織する組合との合意に基づくものであり、利益が調整されたものといえ「高度の必要性に基づいた合理的な内容」であるとして不利益変更を有効としています（第四銀行事件　最高裁二小　平9.2.28判決）。

③ 定年年齢は据え置いたままでの、65歳までの再雇用制度導入に伴う55歳からの賃金減額と合理性判断

　定年年齢は60歳のまま据え置き、65歳までの再雇用制度を導入し、それに伴って55歳以上の労働者の賃金を減額することは、55歳以降の労働者の既得権を奪うことになるので、実質的に見て不利益変更に当たります。

　したがって、このような55歳以降の賃金の減額を有効に行うためには、労働組合がある場合には労働協約を締結することが、就業規則を変更する場合には不利益変更法理の適用により、高度の必要性に基づく合理的なものであることが必要となります。そうして、60歳定年後65歳までの継続雇用は、高年齢者雇用安定法により法的に要請されており、また、年金受給年齢が引き上げられる中において、60歳から65歳までの雇用の機会が確保されることは、労働者にとって大きな利益といえます。したがって、55歳以降の賃金の引き下げは、その減額幅が、同業の水準あるいは社会一般の水準と比較し相応なものであるならば、決して不合理とはいえないと考えてよいでしょう。

　もっとも、高年齢者雇用安定法は、「心身の故障のため業務に堪えられないと認められること、勤務状況が著しく不良で引き続き従業員としての職責を果たし得ないこと等就業規則に定める解雇事由又は退職事由（年齢に係るものを除く〈中略〉）に該当する場合」には継続雇用の対象から除くことができること（9条3項、同雇用確保措置指針第2.2）、さらに、平成25（2013）年4月より前から、労使協定により継続雇用制度の対象者基準を設けていた企業は、老齢厚生年金の受給開始年齢に到達する者を対象に、引き続き対象者基準を用いることができる経過措置（継続雇用制度の対象者が、労使協定の対象者基準に該当しない場合には、継続雇用期間を65歳までではなく、老齢厚生年金の受給開始年齢に達するまでとすることができる）を規定しています（高年齢者雇用安定法

平24法78附則3、同雇用確保措置指針2.3）。したがって、老齢厚生年金の報酬比例部分の受給開始年齢以降については、対象者基準に該当しないものを継続雇用しないことができます。

　以上のように、高年齢者雇用安定法の下においても、「就業規則に定める解雇事由又は退職事由（年齢に係るものを除く〈中略〉）に該当する場合」には、再雇用の対象としなくともよいし、また、一定の要件を満たせば、老齢厚生年金の受給開始年齢に到達する者を対象に、引き続き労使協定による継続雇用の対象者基準を用いることができる経過措置が設けられているなど、必ずしも全員が再雇用されるとは限らず、また、60歳で退職し、継続雇用を希望しない者もいると考えられます。したがって、55歳以降の賃金の減額幅が大きい場合（例えば、再雇用で65歳まで勤務してようやく、60歳定年退職時の賃金総額が得られるような場合）には、再雇用の利益はほとんどないか、不利益となります。よって、減額幅は重要な要素となるでしょう。その他、代償措置、不利益緩和措置の有無、労働組合・従業員代表などとの協議、利益調整の有無を総合判断する必要があります。

　このように考えると、65歳までの再雇用制度を導入するとしても、①従前と同様の条件で60歳定年で退職、②55歳以降の賃金を減額し、65歳まで継続して勤務する、③55歳以降の雇用形態を65歳を上限とする1年契約の有期雇用に変更し55歳の賃金等の労働条件を変更し、65歳まで継続勤務する――等のいずれかを労働者に選択させる仕組みとすることにより、不利益変更の合理性を担保することが考えられます（厚生労働省「高年齢者雇用安定法Q&A」http://www.mhlw.go.jp/general/seido/anteikyoku/kourei2/qa/index.html）。

加茂善仁　弁護士（加茂法律事務所）

# 家族手当などの改定の際、金額を下げるのは不利益変更か

A 家族手当の減額は不利益変更に当たるので、減額幅を慎重に検討した上で、経過措置、不利益緩和措置を取ること、また、労働組合や労働者との協議を尽くすことが要請される

1 家族手当の意義と性質

　家族手当は、労働者の家族事情を考慮して生活費を補助するための手当であり、就業規則等の定めにより、扶養家族の数に応じて、一定額または一定率により支給されることが多く、企業の賃金体系の中に生活給を表現する最も代表的なものといえます。

　ところで、家族手当の支給条件、支給基準が使用者の裁量に任せられているものではなく、就業規則（給与規程）や労働協約により具体的に規定されている場合には、「〈会社は〉所定の要件を具備する者に対しては法的に一律の支払義務を負担し、一方該当行員はこれら手当等の受給権（支払請求権）を取得すると解〈される〉」ので、このような家族手当は、「労基法11条にいう『労働の対償』に当たる賃金である」とされています（岩手銀行事件　仙台高裁　平4.1.10判決）。したがって、このような家族手当を減額することは、賃金の減額として不利益変更に当たります。

2 不利益変更の効力

■ 判断の枠組み

　労働協約や就業規則において定められている家族手当を廃止あるいは

減額するためには、労働組合との合意（労働協約の締結）、または、就業規則を不利益に変更することについて労働者の同意が必要です（労契法9条）。なお、労働者の同意は、変更を受け入れる旨の行為だけではなく「当該変更により労働者にもたらされる不利益の内容及び程度、労働者により当該行為がされるに至った経緯及びその態様、当該行為に先立つ労働者への情報提供又は説明の内容等に照らして、当該行為が労働者の自由な意思に基づいてされたものと認めるに足りる合理的な理由が客観的に存在するか否かという観点からも、判断される」（山梨県民信用組合事件　最高裁二小　平28.2.19判決）ことに注意しなければなりません。

　これに対し、就業規則の不利益変更について労働者の同意が得られない場合には、就業規則の不利益変更が合理的なものであることが必要です。最高裁は、労働条件の集合的処理を建前とする就業規則の性格から、その内容が合理的なものである限り、同意がなくとも不利益変更も許されるという判断枠組みを確立し、これが労契法10条において明文化されています。また、最高裁は、労働条件のうち、賃金、退職金などの労働者にとって重要な権利、労働条件の不利益変更については、「高度の必要性に基づいた合理的な内容」であることを必要とし、「合理性の有無」について、就業規則の変更によって労働者が被る不利益の程度、使用者側の変更の必要性の内容・程度、変更後の就業規則の内容自体の相当性、代償措置、労働組合等との交渉経緯、他の労働組合または他の従業員の対応等を総合考慮して判断するとしています（みちのく銀行事件　最高裁一小　平12.9.7判決、第四銀行事件　最高裁二小　平9.2.28判決）。

② 家族手当減額の合理性判断

　家族手当の減額が、他の労働条件の改定や賃金制度の改定との関連がなく、単に金額を減額するにすぎないものであれば、文字どおり賃金の減額となるので、就業規則の変更に関する前記最高裁が確立した判断枠組みが当てはまります。したがって、減額の必要性が問題となり、また家族手当減額の程度、代償措置・経過措置や関連労働条件の改善状況、

さらには減額に関する労働組合や労働者の対応が重要な判断要素となります。

　すなわち、経営状況が厳しくコスト削減の一環として人件費抑制の必要性があるなどの場合には、家族手当を減額する高度の必要性が認められるでしょう。

　また、家族手当は、扶養親族を有する従業員に限って支給されるものであって、従業員の具体的労働に対する対価そのものとはいえない面があるので、減額の程度も重要な考慮要素となります。長年にわたり家族手当が支給されている場合には、労働者は家族手当を前提として生活設計をしていると考えられるので、家族手当を大幅に減額するような場合には、家族手当の減額を段階的に行うなどの経過措置を取り、その者に対する不利益を緩和・軽減する必要があるでしょう（前掲みちのく銀行事件）。

　さらに、労働組合がある場合には、協議を尽くすことも必要であり、労働組合がない場合でも、従業員から意見を聴取するなどして労使の利益調整をする必要があります。

加茂善仁　弁護士（加茂法律事務所）

従来あった精皆勤手当の廃止は不利益変更に当たるか

A 精皆勤手当の廃止は不利益変更に当たるので、高度の必要性に基づく合理性が必要

1 精皆勤手当の意義と性質

精皆勤手当は、従業員の出勤奨励を目的として出勤成績により支払う手当であるので、職務の内容に密接に関連して支払われる賃金（職務関連賃金）といえます。労基法11条は、賃金とは、「賃金、給料、手当、賞与その他名称の如何を問わず、労働の対償として使用者が労働者に支払うすべてのもの」と定めているので、職務関連賃金である精皆勤手当は労基法の定める賃金に該当します。また、通達（昭22.9.13　発基17）も支給条件・支給基準が就業規則（給与規程）や労働協約により具体的に規定されている場合には、労基法11条に定める賃金としており、裁判例も就業規則や労働協約により支給基準が明確である限りは労働の対償として使用者が労働者に支払うものであり、「労基法11条の賃金に該当する」と解しています（日本ロール製造事件　東京地裁　平14.5.29判決）。

2 不利益変更の効力

①で述べたように、就業規則等に支給条件・支給基準が具体的に規定されている精皆勤手当を廃止することは、賃金の不支給として不利益変更に当たります。

賃金等の重要な労働条件の不利益変更について、最高裁判所（みちのく銀行事件　最高裁一小　平12.9.7判決）は、「高度の必要性に基づいた合理的な内容」であることが必要であるとし、「合理性の有無」につき、就業規則の変更によって労働者が被る不利益の程度、使用者側の変更の必要性の内容・程度、変更後の就業規則の内容自体の相当性、代償措置、労働組合等との交渉経緯、他の労働組合または他の従業員の対応等を総合考慮して判断するとしています。

　精皆勤手当は、職務と密接に関連した賃金であるので、その廃止が他の賃金制度の改定と関連して行われ、総合的に見れば当該手当が廃止されても賃金の減額にならないような場合には、手当の廃止は給与制度改定の一環として位置付けられ合理性を持つこともあり得ます。

　しかし、賃金制度の改定とはまったく関連なく、精皆勤手当のみを廃止し、これにより賃金が減額されることになるとすれば、これは、賃金についての不利益変更そのものであるので、高度の必要性に基づいた合理的内容であることが求められます。

　ところで、精皆勤手当は、賃金に占める割合がそれほど多額でない場合も多いので、例えば、会社の経営状況が厳しくコスト削減の一環としての人件費抑制のために精皆勤手当を廃止する高度の必要性があり、代償措置、経過措置等（精皆勤手当は廃止するものの、出勤成績を賞与査定に反映させ、出勤成績が良好である従業員に対しては賞与の額を上乗せするなどの措置）が取られ、多数組合や多くの従業員が精皆勤手当の廃止について理解をしているような場合には、高度の必要性に基づく合理性が認められることもあり得るでしょう。しかし、一般的にいえば、これらの処置を何ら講ずることなく職務と密接な関連を有する精皆勤手当を廃止することについては、高度の必要性に基づく合理性は認められない場合が多いと考えられます。

加茂善仁　弁護士（加茂法律事務所）

地域手当や単身赴任手当に地域の物価水準を加味し減額した場合、不利益変更になるか

A 不利益変更になるが、減額の必要性、程度、代償措置・経過措置、労働組合との協議等を踏まえて、合理性が判断される

1 地域手当・単身赴任手当の意義と性質

　地域手当は、地域間の物価の差などによる生計費の格差を調整し、賃金の実質内容を均等にする目的のため支給される手当であり、勤務地手当、都市手当等といわれることもあります。また、単身赴任手当は、転勤等に伴い、同居の家族と別居し、単身で生活することを常況（じょうきょう）とする従業員に支給する手当です。

　ところで、手当の支給条件・支給基準が就業規則（給与規程）や労働協約により具体的に規定されている場合には、労基法11条にいう「賃金」と解されています。

2 地域手当・単身赴任手当の減額と不利益変更

　就業規則等に支給条件・支給基準が具体的に規定されている地域手当や単身赴任手当は「賃金」ですので、これを減額することは、一般的にいえば不利益変更に当たります。

　ところで、地域手当・単身赴任手当について見ると、地域手当はもとより単身赴任手当の中にも、地域の物価差による生計費の格差を調整し実質的な賃金額の公平を保つ趣旨も含まれていると考えられますので、物価水準に応じて地域手当や単身赴任手当を減額することは、不利益と

はいえないとの考えもあり得るでしょう。

　しかし、地域間において物価差があるとはいえ、地域手当が、物価差そのものを反映して手当額が決められているのであればともかく、そうではなく、その他の要因も踏まえて決定されている場合（これが通常でしょう）に、物価水準を加味してどの程度減額できるのかは一義的に明確とはいえません。したがって、物価水準を加味して地域手当や単身赴任手当を減額することは、不利益変更に当たるというべきです。

③ 地域手当・単身赴任手当の減額の合理性判断

　賃金等の重要な労働条件の不利益変更については、「高度の必要性に基づいた合理的な内容」のものである場合において効力が生ずるとされています（みちのく銀行事件　最高裁一小　平12.9.7判決）。

　地域手当・単身赴任手当は、②で述べたように、地域の物価差による生計費の格差を調整し実質的な賃金額の公平を保つ趣旨が含まれているのであり、物価水準に合わせて、その範囲で地域手当や単身赴任手当を減額することは、必ずしも不合理とはいえません。したがって、手当の性質を問わず賃金、退職金等の労働条件の変更について、一律に「高度の必要性」を求めることには疑問があります。しかし、裁判例は、就業規則等により具体的な支給基準が定められている手当（「賃金」）については、その不利益変更について、「高度の必要性」が求められるとして、日帰り出張日当、外出時食事補助、時間外労働の食事代補助、夜勤手当の廃止・変更について「高度の必要性」を要求しています（日本ロール製造事件　東京地裁　平14.5.29判決）。

　このような判例の傾向から見るならば、地域手当・単身赴任手当減額の合理性の有無については、その必要性、減額の程度、代償措置・経過措置、労働組合との交渉経緯、その他従業員の対応を総合考慮して判断されることになりますが、他の賃金制度の改定と関連して行うものでは

なく、単にこれらの手当の減額のみを行うのであれば、減額の合理性が認められる可能性は低いといえるでしょう。

加茂善仁　弁護士（加茂法律事務所）

Q032 退職金規程の不利益変更は許されるか

A 経営状況が極めて厳しく、退職金を減額する高度の必要性がある場合には、変更内容の相当性、代償措置・経過措置の提示、労働組合等との協議などを総合して合理的な場合には、退職金規程を不利益に変更することも許され得る場合がある

1 退職金の発生時期

すでに発生した具体的権利としての退職金請求権を、事後に定められた就業規則の遡及適用により、変更することはできません（香港上海銀行事件　最高裁一小　平元.9.7判決）。なお、退職金の発生時期に関し、勤続年数ごとにそれに対応する額が具体的権利として発生するとの見解もありますが、退職金は、通常、勤続年数に応じて逓増し、退職事由による差異が設けられる等、賃金の後払い的性格のみならず功労報奨的性格も有するため、その額は退職時において発生・確定します。すなわち、退職金は、退職を停止条件ないし不確定期限として発生するものですから、在職中の労働者に適用される退職金規程（就業規則）を変更することは、他の労働条件と同様可能です。

② 退職金規程の不利益変更の効力

■ 判断の枠組み

　退職金は、退職時まで具体的権利としては発生しないものの、所定の要件を満たせば支給されるため、その期待的利益は法的保護に値し、退職金規程を変更して支給額を下げることは、不利益変更に当たります。そして、就業規則の不利益変更の効力について、最高裁判所（例えば、第四銀行事件　最高裁二小　平9.2.28判決）は、合理的変更法理を採用し、賃金、退職金等の重要な労働条件の不利益変更については、「高度の必要性」に基づいた「合理的な内容」であることが必要であるとしています。

② 判例に見る高度の必要性に基づく合理的な内容

　「高度の必要性」に基づいた「合理的な内容」とは、いかなるものを指すのかが問題ですが、裁判例において、高度の必要性に基づいた合理性が認められたものとして、①会社更生法の下で、退職金を最高で15.6%減額した上、15年間の分割払いとしたもの（日魯造船事件　仙台地裁　平2.10.15判決）、同じく、②会社更生法の下で、退職金規程を変更し、退職金を従来の20%とし、退職日から3カ月以内に半額を、その6カ月以内に残金を支払い、原資ができたときは加算支給するとしたもの（結果として従来の74%から77%の支給を受けている：更生会社新潟鐵工所［退職金第1］事件　東京地裁　平16.3.9判決）、③合併に当たり、労働条件を統一するため、退職金の支給率を低減したものの、同時に行った給与の格差是正措置により、給与は相当増額した結果、実際の支給額は、それほど大きく減額せず、他に休日・休暇、諸手当、旅費等における有利な取り扱い、定年延長の措置が講じられたもの（大曲市農協事件　最高裁三小　昭63.2.16判決）、④退職金支給率を低減したものの、給与制度の改善により給与が大幅に増額され、実質的不利益はわずかであるもの（空港環境整備協会事件　東京地裁　平6.3.31判決）、⑤大幅な消

費支出超過に陥り経費削減を行わなければ、早晩破綻するとして、月額給与を8万円引き下げ、これに伴い退職金支給規則を改定したことにより退職金額が85％から90％程度に減額となったケースについて、経営は危機的状況にあり、退職金の不利益変更はやむを得ない高度の必要性があったとし、不利益は300万円から400万円で大きいが、経過措置が取られ、新人事制度と比べ高いほうの金額で支払っていること、変更後も同一地域内では高いほうであり相当といえ、また、組合との交渉においても説明内容、態度は適切であったとして、変更の合理性を認めたもの（学校法人早稲田大阪学園事件　大阪地裁　平28.10.25判決）等があります。

　これに対し、無効とされたものには、⑥経営悪化を理由として、退職金額の一律20％削減と支給率の削減改定により、退職金額が53％となった事案について、経営状態が倒産の危機にあるとはいえず変更に合理性がないとされたもの（月島サマリア病院事件　東京地裁　平13.7.17判決）、⑦出向を円滑に行うために出向先との労働条件のバランスを図るために、退職金を従来の約3分の2ないし約2分の1に減額したもの（アスカ事件　東京地裁　平12.12.18判決）、⑧経営状況の厳しい財団法人が、賃金規程を改定するとともに、退職金規程も不利益に改定し、退職金については70％以上減額となったケースについて減額の合理性を肯定することは困難であるとし、「結局、本件改定は、被告の存続自体が危ぶまれたり、経営危機による雇用調整が予想されるなどといった状況下において、差し迫った必要性に基づいて行われたものということはできない」として、就業規則の不利益変更の合理性が否定されたもの（名古屋国際芸術文化交流財団事件　名古屋地裁　平16.4.23判決、同名古屋高裁　平17.6.23判決）等があります。

　退職金規程の不利益変更を有効と認めた①日魯造船事件、②更生会社新潟鐵工所［退職金第1］事件、および⑤学校法人早稲田大阪学園事件は、いずれも退職金を大幅に減額する不利益変更の事案ですが、いずれも、

再建中であるか、あるいは、倒産必至という事態にあってやむなく取られた措置であるということから、高度の必要性が認められ、変更内容も経過措置・激変緩和措置を取るなど相当性もあり、さらに労働組合との協議や説明も行われていることなどから不利益が大きいものであるにもかかわらず、合理性があるとされています。

　これに対し、⑥月島サマリア病院事件、⑦アスカ事件、⑧名古屋国際芸術文化交流財団事件のように、経営状況が厳しくとも、倒産の危機等差し迫った経営上の必要性が認められない限り大幅な退職金減額は認められないことになるでしょう。

加茂善仁　弁護士（加茂法律事務所）

 **受給権者に対する退職年金の受給減額（不利益変更）は、どのような場合に可能か**

 自社年金の場合は、年金規程に受給減額の根拠があり、減額の必要性・相当性がある場合に認められる。確定給付企業年金および厚生年金基金の給付減額は要件を満たした上で規約を変更し、厚生労働大臣の承認・認可を得た場合に減額できる

1　自社年金の給付減額

■ 給付減額の根拠

　"現役社員"に対する自社年金の減額（給付利率の引き下げ）は、自社年金規程の不利益変更の問題であるので、就業規則の不利益変更法理に基づき、変更内容が合理的であればなし得ます（名古屋学院事件　名古屋高裁　平7.7.19判決）。

問題は、"受給権者"に対する給付減額の可否です。受給権者はすでに会社を退職しているので、現役社員のように就業規則を適用することはできません。

　しかし、退職金の全部または一部を使用者が退職者より受託して一定の利率で運用し、年金の形で給付することを約する自社年金（契約）の場合には、多数の反覆する契約を合理的かつ画一的に処理するとともに、各加入者を公平・平等に取り扱うことが必要であり、そのために年金規程を設け、各加入者との年金契約の内容を年金規程により処理する必要があります。そして、年金規程について周知されていれば、規程によらない旨の特段の合意をしない限り、福祉年金規程に従うとの意思で年金契約を締結したものと推定するのが相当と解されます(松下電器産業[年金減額]事件［以下、松下年金事件］の大阪高裁　平18.11.28判決は、年金規程に従うことが「事実たる慣習」となっていたと判示しています。また、バイエル・ランクセス［退職年金］事件　東京地裁　平20.5.20判決は、在籍時に就業規則の一部として一括して受け入れたものとして年金契約内容を変更する根拠になると判示しています。さらに、早稲田大学［年金減額］事件　東京高裁　平21.10.29判決は、「本件年金契約は、その内容が本件年金規則によって一律に規律されることを前提とし、加入者もそのことを容認し、また、退職後の給付内容についても、本件年金規則に定められた内容に従って決定されることを容認していたものと解される」としています)。

　このように、裁判例は、約款理論や就業規則あるいは当事者の合意を根拠に年金制度を定める年金規則や年金規程の受給権者への拘束力を認めています。

　そして、年金規程には通常、「経済情勢もしくは社会保障制度に大幅な変動があった場合」の「改廃条項」「調整条項」が定められていますが、この改廃条項は合理性があり有効と解されます（前掲松下年金事件。そのほか、年金通知書に記載された「改訂条項」を有効としたものとして、

幸福銀行事件　大阪地裁　平10.4.13判決があります。また、前掲早稲田大学［年金減額］事件は、「本件年金規則の定めによる年金契約を締結したことにより、在職中のみならず、退職後、受給者となってからも、同規則による規律を受ける立場にあるものと解される」として、年金制度を維持するために必要な合理的な範囲内で給付額の減額を行うことは上記調整条項により許容されていたと判示しています）。

2 改廃条項による給付減額の有効要件

　年金規程の改廃条項に基づき給付減額が許されるのは、改廃条項に定める要件を満たす場合です。松下年金事件は、会社の福祉年金制度から年金を受給していた受給権者（退職者）に対し、会社が業績悪化を理由として給付利率を2％引き下げ（5.5％とした）、受給額を減額したため、受給権者が、減額は違法・無効として減額前の年金額の支払いを求めた事案です。裁判所は、会社業績は悪化しており、このまま年金制度を維持すると、制度の維持ができなくなったと想定され、また、現役従業員に対する本制度廃止による公平感の維持等から、2％の給付利率の引き下げの必要性を認め、給付利率は、引き下げ後も5.5％と高水準にあり、さらに、減額について書簡を送付し理解を求め、またOB総会において、担当者から説明を行い、フリーダイヤルによる質問・意見の受け付けを行い、最終的には95％の賛成が得られており、相当性も認められるとして、給付利率の改定（給付減額）を有効としています。

　また、早稲田大学（年金減額）事件は、年金規則に基づき20年以上勤務した退職者に対し終身で普通年金が支給されていましたが、拠出者数の減少、受給者数の大幅増加、バブル経済崩壊以降の不況の長期化により運用益が確保できなくなり、年金基金の財政状態が著しく悪化し、破綻も予想される事態となったため、年金の給付額を最大で35％引き下げるという規則の改定を行った事案について、「年金制度の破綻を回避するために、給付額を減額する本件改定が必要であると認めざるを得ない」とし、改定内容については、引き下げの実施は段階的に行うもの

であり、給付削減を行っても、相当水準の年金額が確保され、本件改定に当たり規則に定める改正の手続きを踏み、受給者に対し説明資料を送付し説明会を開催し、意見・要望を募り、団交を行うなど説明し、受給者の3分の2を超える同意を得ていることなどから見て、本件減額を有効としました。

② 確定給付企業年金の給付減額

以上の自社年金に対し、確定給付企業年金は、給付額が規約により定められています（確定給付企業年金法4条5号）。したがって、給付額を減額するためには規約の変更が必要となり、規約の変更について、厚生労働大臣の承認・認可が必要となります（同法6条1項、16条1項）。そして、規約変更の承認・認可申請があった場合、厚生労働大臣は、法の定める要件に適合すると認めるときに規約を承認・認可するものとしていますが（同法6条4項、5条1項、16条3項、12条1項）、要件を定める同法5条1項および12条1項は「その他政令で定める要件」としているところ、給付減額を内容とする規約の変更を行うには、「当該規約の変更をしなければ確定給付企業年金の事業の継続が困難となること」「その他の厚生労働省令で定める理由がある場合」（同法施行令4条2号、同7条）とされ、同法施行規則（厚生労働省令）は、「実施事業所の経営状況の悪化又は掛金の額の大幅な上昇により、事業主が掛金を拠出することが困難になると見込まれるため、給付の額を減額すること〈中略〉がやむを得ない」（同法施行規則5条2号）場合であることが必要です。

また、受給権者等の3分の2以上の同意を取った上で、希望者に対し最低積立基準額を一時金で支給する措置を取ることが求められています（同法施行規則6条1項2号イ・ロ）。

なお、裁判例を見ると、NTTグループ企業（年金規約変更不承認処分）事件（東京地裁　平19.10.19判決）は、規約型企業年金の給付利率の引

き下げ（キャッシュバランス制度の導入）について、要件を満たしていないとして、規約変更を承認しないとした厚生労働大臣の処分を有効とし、同事件の控訴審判決（東京高裁　平20.7.9判決）もおおむね1審を維持し「予定利率の引下げは、給付に要する費用に充てるため事業主が拠出すべき掛金額を増加させるものである〈中略〉から、事業主が予定利率の引下げによって増加した掛金を負担することが困難であるとして給付水準を下げる（給付減額）という場合には、予定利率を引き下げること自体についての客観的な合理性や相当性が問われなければならない」とし、本件において、予定利率を従前の2.0％からさらに1.3％にまで引き下げることの合理性や相当性についての疑問があるとし、予定利率の引き下げの合理性や相当性は認められないと判示しました。

③ 厚生年金基金の受給権者の給付減額

　厚生年金基金の規約には、平成25年改正前厚生年金保険法115条1項各号に定める事項を定めなければならず（この中には給付に関する事項［8号］も含まれます）、規約を変更するには、厚生労働大臣の認可を要し、認可を受けなければ規約変更の効力は生じません（平成25年改正前厚生年金保険法115条2項、平成25年改正法附則5条）。

　規約の変更は、設立認可基準（「厚生年金基金の設立認可について」昭41.9.27　年発363、平26.3.24　年発0324第6）と通達（「厚生年金基金の設立要件について」平元.3.29　企年発23・年数発4）によりますが、給付減額について見ると、上記「厚生年金基金の設立認可について」（第3・7（5））では、受給権者については原則として給付の引き下げはできないが、例外的措置として、①基金の存続のため受給者等の給付水準の引き下げが真にやむを得ないと認められる場合であって、事業主、加入員および受給者等の三者による協議の場を設けるなど受給者等の意向を十分に反映させる措置が講じられていること、②全受給者等に対し、事

前に給付設計の変更に関する十分な説明と意向確認を行っていること、③給付設計の変更について、全受給者等の3分の2以上の同意を得ていること、④受給者等のうち、希望する者は、当該者に係る最低積立基準額に相当する額（個々人の年金額が代行部分相当額を越えるため、代行部分相当額に一定の額を加えた年金額に相当する最低積立基準額に相当する額を除く）を一時金として受け取ることができること、という要件を満たせば、受給者について給付の引き下げが可能とされています。

　裁判例は、年金支給額の減額について、「厚年法による保険給付（老齢厚生年金）と同様、事後の社会・経済的な情勢に応じて、その支給額が変動することが想定されているとみるのが相当であり、厚年法115条2項が、年金給付額の不利益変更も含まれ得る『保険給付に関する事項』の規約変更につき特段の制約を加えていないことや、同条項所定の厚生労働大臣の認可の基準を定めた本件通達〈中略〉が、給付設計の変更日における受給者等の支給額を不利益に変更する場合を想定して、諸々の認可基準（要件）を定めていることも、かかる理解を前提とするものと解され〈中略〉そうだとすると、厚生年金基金は、厚年法所定の手続に従って規約を変更することにより、受給者等の年金給付支給額を変更することができる」と判示しています（りそな企業年金基金・りそな銀行［退職年金］事件　東京地裁　平20.3.26判決。同東京高裁　平21.3.25判決も1審判決を維持しています）。

加茂善仁　弁護士（加茂法律事務所）

 **社宅使用料など福利厚生をめぐる不利益変更も問題となるのか**

 不利益変更の問題となるが、合理性判断は賃金の不利益変更よりも緩やかに認められる

1 福利厚生の意義・種類

　福利厚生給付とは、「使用者が、労働の対償としてではなく、労働者の福利厚生のために支給する利益または費用」をいい（菅野和夫『労働法 第11版補正版』［弘文堂］406ページ）、労働の対償たる「賃金」（労基法11条）とは区別されます。この福利厚生は、財形・貸付制度、住宅管理制度、業務・通勤災害ないし私傷病補償制度、共済会・互助制度、生活援護制度、医療・健康対策、施設関連、永年勤続表彰、リフレッシュ休暇、母性保護施策など多岐にわたります。

2 福利厚生の受給権の保護

　福利厚生は、かつて労基法の適用を受ける「賃金」の範囲と一線を画する概念として、使用者による任意的、恩恵的給付として位置付けられていました。しかし、それが労働者にとって、入社の際に重要な動機となっていたり、入社後に、実際に給付を受けて、労働者の生活設計に組み込まれている場合もあります。しかるに、福利厚生をすべて使用者による、任意的、恩恵的給付として、一方的変更や廃止を認めることは、労働者の期待や利益を不当に損なう場合もあり得ます。また、現在、多くの企業において、福利厚生は、就業規則や労働協約に規定され制度化

されているところ、合理的な労働条件を定める就業規則の規定は、労働契約の内容となるとされています（労契法7条。電電公社帯広局事件　最高裁一小　昭61.3.13判決。なお、就業規則の相対的必要記載事項である「当該事業場の労働者のすべてに適用される定め」［労基法89条10号］には、福利厚生も含まれます）。そうして見ますと、福利厚生のうち、就業規則に規定されたものは、労働契約の内容となると解されます（日本ロール製造事件　東京地裁　平14.5.29判決は、朝・昼・夕食代の補助を目的とする日帰り出張日当や食事補助の性質を有する外出時食事補助が就業規則等に規定されていることから労働契約の内容となり、「労働契約上の権利ないし法的利益とな（る）」としています）。したがって、これを就業規則等により変更することは不利益変更に当たり、その有効性は、就業規則等の不利益変更法理により判断されます。

③ 就業規則による変更の場合

　就業規則による変更が合理的であるとは、必要性および内容の両面から見て、それによって労働者が被ることになる不利益の程度を考慮しても、なお法的規範性を是認することができる内容をいいます。特に、賃金、退職金などの重要な権利、労働条件に関し実質的な不利益を及ぼす変更は、当該不利益を労働者に法的に受忍させることを許容することができるだけの高度の必要性に基づいた合理的な内容のものであることが必要です（第四銀行事件　最高裁二小　平9.2.28判決）。そうして、福利厚生は「賃金」には当たらないため、高度の必要性に基づいた合理的な内容であることまでは必要ありません。また、対価性がなく使用者の負担でなされる給付・利益という点において、狭義の労働条件（労基法15条参照）の変更に比し不利益が小さいともいえます。したがって、通常よりは、合理性も緩やかに認められると思われますが、他面、福利厚生には労働者の生活設計に組み込まれているものもあり（例えば、社

宅・住宅ローンの利子補給等の住宅関連のものや、各種貸付制度等）、これらを変更することによる不利益は小さくありません。福利厚生の内容によっては、不利益変更に慎重な取り扱いを要することになります。

加茂善仁　弁護士（加茂法律事務所）

退職後の競業避止義務や秘密保持義務違反あるいは退職手続きに違反し会社に迷惑を掛けたことを理由とする退職金の不支給ないし減額条項の追加等は不利益変更に当たるか

A 不利益変更に当たるが、競業避止・守秘義務の内容、減額条項を追加する必要性や、労働条件の改善、変更の手続きを経ることにより、合理性が認められ得る。また、退職手続きに違反し迷惑を掛けた場合に、退職金の減額・不支給とする規定も合理性が認められる

1　退職後の競業等を理由とする退職金の不支給条項等について

1 競業避止義務等

　労働者が業務中に知った秘密情報等の開示・利用を防止するために、特約や就業規則等により、退職後においても競業避止義務を課すことがあります。しかし、それにより、退職後の労働者の転職の自由（憲法22条1項）が不当に制限されてはならず、その有効性は、①使用者の正当な利益（営業秘密、秘密情報等）、②労働者の退職前の地位、職務内容、③競業が制限される範囲（期間、地域、職種等）、④代償の有無等を総合考慮して、判断されます（フォセコ・ジャパン・リミティッド事件　奈良地裁　昭45.10.23判決等）。なお、競業禁止ではなく秘密保持義務にとどめる場合は、制約の程度が小さいことから、その有効性は、緩や

かに判断されます（なお、ダイオーズサービシーズ事件　東京地裁　平14.8.30判決は、①秘密の性質・範囲、価値、②労働者の退職前の地位に照らし、秘密保持特約の有効性を判断しました）。

2 退職金の不支給・減額条項

退職金制度は、基本的には使用者の裁量に委ねられ、また退職金は、功労報奨という側面も有しますから、競業等したことを理由に退職金を不支給・減額することも可能です（三晃社事件　最高裁二小　昭52.8.9判決）。しかし他方、退職金は賃金の後払い的性格も有しているので、退職金を不支給等とするには、それを正当化する合理的な理由が必要です。したがって、退職金の不支給・減額条項の有効性は、前記**1**と同様の視点に加え、退職金を不支給・減額とする理由（規制の期間や競業の態様）や減額率も考慮して、その有効性が判断されます。裁判例は、同業他社へ就職した場合について、所定の退職金の2分の1を減額する条項の有効性について、退職後1年以内の勤務地ないし隣接地域での競業に限ったり（ジャクパコーポレーションほか1社事件　大阪地裁　平12.9.22判決）、不支給条項につき、退職後6カ月以内の同業他社への顕著な背信性のある就職に限る（中部日本広告社事件　名古屋高裁　平2.8.31判決）など、制約を設けています。

② 退職後の競業等を理由とする退職金の不支給条項等の追加について

退職金は退職時に発生するものの、所定の要件を満たせば支給され、その期待的利益は法的保護に値することから、不支給条項等を新たに設け、支給要件を加えることは、不利益変更に当たります。したがって、このような不支給条項等を就業規則の変更により新たに設ける場合、その有効性は、最高裁（第四銀行事件　最高裁二小　平9.2.28判決）が確立した判断基準により判断されます。不支給条項は、間接的に労働者の

転職の自由に影響を及ぼすこともあるため、合理性の判断に際しては、この点も考慮されます。

裁判例においても、退職後の競業を理由とする退職金不支給・減額条項を設けた事案につき、①変更内容（(i)競業制限を受ける従業員の範囲の限定、(ii)競業禁止期間を退職後1年間に限定、(iii)会社の承諾を得れば、競業他社への就職も可能、(iv)退職金も常に不支給ではない）、②変更の必要性（要職に就いていた従業員が大量に競業他社に就職すれば、企業の存続にも重大な影響を及ぼしかねない）、③労働条件の改善（特に功労金支給制度の新設）、④変更の手続き（多数従業員の同意）等に鑑み、合理的であるとして有効としたものがあります（東京ゼネラル事件　東京地裁　平12.1.21判決）。

③ 迷惑退職を理由とする場合

退職金規程の変更とはいえ退職金の支給基準や支給額あるいは支給率を不利益に変更するのではなく（すなわち、退職金額が減額されるわけではなく）、懲戒解雇や諭旨解雇の場合に退職金が不支給とされたり、減額されるのと同様に、自己都合退職に当たり、退職予定日の30日以上前に申し出て承認を得るべきであるにもかかわらず、14日以内という直前に退職を申し出て迷惑を掛けた場合や、定年または自己都合退職が承認されたものの退職直前に懲戒事由や解雇に該当する事由が生じて迷惑を掛けた場合に退職金を減額・不支給とするような条項を追加して退職金規程を変更する場合も、不利益変更に該当します。しかし、このケースは、「従業員の側に一定の責に帰すべき事由が存在し、それにより被告〈筆者注：学校〉が迷惑を被った場合に限って退職金を減額又は不支給とする趣旨のものにすぎない〈ので〉、本件変更により従業員の被る不利益がことさらに大きいものとまでいうことは困難」であり、不利益の程度が上記の程度であることや変更の必要性および内容に照らす

と、法規範性を是認することができるだけの合理性を有するとされています（洛陽総合学院事件　京都地裁　平17.7.27判決）。

　以上のように退職金規程の変更であっても、それが退職金額そのものに影響を及ぼすものではなく、退職金の不発生（一部不発生）の要件を変更する場合であって、その不発生の要件が労働者の責に帰する事由がある場合には、変更の合理性が認められやすいといえます。

加茂善仁　弁護士（加茂法律事務所）

賞与の支給日以降数日で退職を予定している社員に対して、賞与の一定額を減額する取り扱いは可能か

賞与の法的性格を考慮の上、減額支給制度の導入には慎重な対応をしなければならない

　「賞与」とは

　賞与（ボーナス、一時金）とは、一般に、月例賃金とは別に、会社業績、部門業績、個人業績などを査定の上、支給するものをいいます。賞与の支給については、業績、勤務成績、考課査定、勤怠状況などに応じて支給額、支給率などを決めている場合が多いようです。裁判例でも、「賞与は、労働の対価たる側面を有することは否定できないものの、賃金のように、労働契約上当然に使用者に支払いが義務付けられるものではなく、対象期間における使用者の収益や労働者の勤務状況、勤務態度等多くの要素を考慮して支給の有無やその額が決定せられるもので、使用者の利益の分配や労働者に対する報奨的性質も強く、その性格は必ずしも

一義的に説明できるものではない」（錦タクシー事件　大阪地裁　平8.9.27判決）とします。しかし、賞与も、労働協約・就業規則等に、名称、支給条件、支給回数、支給の時期、査定期間、支給対象者の範囲などについて定めがあり、これに基づいて支給される場合には、労基法上の賃金として保護の対象となります。

② 退職予定者の賞与の減額の合理性

退職予定者の賞与の減額規定の合理性が争われた裁判例としては、ベネッセコーポレーション事件（東京地裁　平8.6.28判決）があります。被告会社では、賞与（平成4［1992］年度冬季賞与）の支給基準として、①平成3（1991）年11月1日から平成4（1992）年9月1日までに入社した中途採用者については基礎額の4カ月分とする一方、②平成4（1992）年4月1日以降に入社した中途採用者で、同年12月31日までの退職予定者については、「4万円×在職月数」で算出された額を支給するとの規定を置いていました。

この事件では、中途採用者が基礎額の4カ月分の賞与（支給基準①で算出した約162万円）を受領した後に、年内での退社を申し出たため、会社側が、162万円－28万円（支給基準②で算出した額）＝差額134万円の返還を要求しました。判決は、まず、「将来に対する期待の程度の差に応じて、退職予定者と非退職予定者の賞与額に差を設けること自体は、不合理ではなく、これが禁止されていると解するべき理由はない」とします。しかし、退職予定者が非退職予定者の18％程度の賞与しか受給できないならば、将来の貢献に対する支給が賞与の82％をも占めるということとなり、過去の賃金とは関係のない将来に対する期待部分の範囲・割合について過大に評価し、合理性を欠いています。そこで判決は、「過去の賃金とは関係のない純粋の将来に対する期待部分が、被告と同一時期に中途入社し同一の基礎額を受給していて年内に退職する

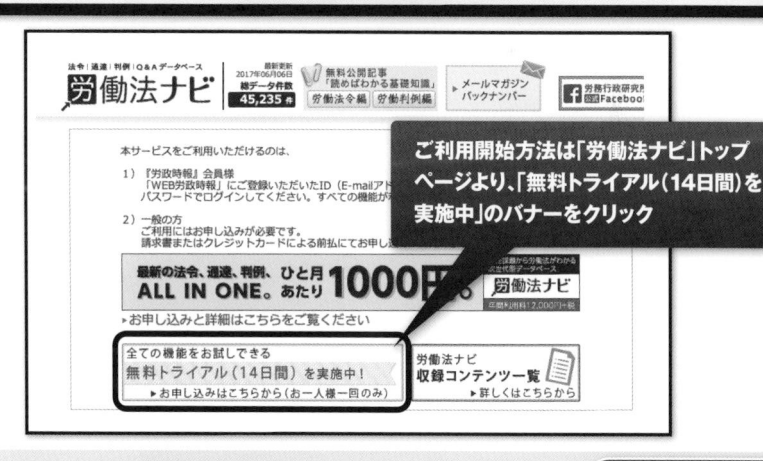

予定のない者がいた場合に、その者に対する支給額のうちの82％余の部分を占めるものとするのは、いかに在社期間が短い立場の者についてのこととはいえ、肯認できない」としました。そして、賞与のうち、労働者に対する将来の期待部分の範囲・割合については、諸事情を勘案して、賞与額の2割とするのが相当であると判断し、受給した賞与のうち2割の返還を退職者に命じています。

　この判決によれば、退職予定者の賞与の算定に当たって、就業規則上の規定を根拠として、非退職予定者の賞与額と差を設けること自体は合理性があるとしています。これは、従前より、裁判例等において、賞与の支給条件や支給基準につき、当事者の私的自治に委ねられるという考え方に基づくものであって、例えば、賞与の在籍支給要件等の合理性を認めてきたことと軌を一にするものです。

③ 退職予定者の賞与減額支給規定の新設の可否

　従前、退職予定者の賞与を減額支給する規定がなかったところに、新たに規定を設けるような場合は、これが就業規則の不利益変更であることを注視しなければなりません。そうすると、就業規則の不利益変更の判断基準に照らして、その効力を判断すべきこととなります。

　就業規則の不利益変更については、「就業規則の変更によって労働者が被る不利益の程度、使用者側の変更の必要性の内容・程度、変更後の就業規則の内容自体の相当性、代償措置その他関連する他の労働条件の改善状況、労働組合等との交渉の経緯、他の労働組合又は他の従業員の対応、同種事項に関する我が国社会における一般的状況等を総合考慮して判断すべきである」との判断基準が確立しています（秋北バス事件　最高裁大法廷　昭43.12.25判決、第四銀行事件　最高裁二小　平9.2.28判決、みちのく銀行事件　最高裁一小　平12.9.7判決ほか）。また、労契法9条および10条はこれらの判例法理を法制化したものであり、上記

の判断枠組みを踏襲しています。

　退職予定者の賞与を減額する規定を新設する場合には、「高度の必要性」の存否、不利益の程度・内容、従業員サイドとの交渉・協議、代償措置・経過措置の設定、変更後の規定の合理性等を十分に吟味の上、導入の可否を図ることとなるでしょう。

　前掲ベネッセコーポレーション事件において、減額の対象となった退職予定者とは、中途採用者であって、賞与のうち過去の貢献分よりも将来の期待分が相対的に高い者であったことに注目すれば、すべての退職予定者の賞与をカットする制度の導入には慎重であるべきと考えます。また、同事件では、支給基準①での賞与額が、世間一般の状況に比すると高い水準である点も、裁判所の判断に影響したのではないでしょうか。

　貴社でも、中途採用や転退職者が頻繁にあり、なんとか定着率を向上させたいといった事情がある場合でも、退職予定者の賞与のカットを制度化するに当たっては、対象者を入社間もない者に限定し、減額幅も1〜2割程度に抑えておくことをお勧めします。

山本圭子　法政大学講師

第3章
労使慣行

 **労使慣行とは何か**

A 労使双方に対して事実上の行為準則として機能する集団的な取り扱い

1 労使慣行とは

労働関係においては、就業規則、労働協約などの成文の規範がないけれども、労働条件、職場規律、組合活動などについて、長い間反復・継続して行われ、それが使用者と労働者の双方に対して事実上の行為準則として機能する集団的（一般的）な取り扱いが存在する場合があり、これが「労使慣行」と呼ばれるものです（菅野和夫『労働法 第11版補正版』[弘文堂] 161ページ）。このような慣行は、契約当事者間に行為の準則として意識されてきたことによって、黙示の合意が成立していたものとされたり（黙示の意思表示）、当事者がこの「慣習による意思を有しているもの」（事実たる慣習、民法92条）と認められたりすることによって労働契約の内容となります。

2 労使慣行として効力が認められるための要件

裁判例は、労使慣行につき、以下の要件を満たす場合に「事実たる慣習」（民法92条）として、法的効力が認められるとの立場を取っています（国鉄池袋電車区・蒲田電車区事件　東京地裁　昭63.2.24判決、商大八戸ノ里ドライビングスクール事件　大阪高裁　平5.6.25判決等。なお、下井隆史「労働関係における慣行ないし慣習の法的効力」[「同志

社法学」54巻3号〕338ページ参照）。

①ある事実上の取り扱いや制度と思われるものが、長期間にわたって反復継続して行われていること（慣行的事実の存在）

②労使双方がこれを明示的に排除していないこと（当事者による排除の不存在）

③当該慣行が労使双方（特に使用者側は当該労働条件について決定権または裁量権を有する者）の規範意識によって支えられている場合（単に、ある事実が積み重ねられているというだけでは足りず、長年繰り返されてきた慣行を規則・準則として従う意識を持つこと）（労使の規範意識による支持）

さらに、労使慣行が有効であるためには、④強行法規違反や公序良俗違反がないことを要します（民法92条、90条。Q38参照）。また、より積極的に、⑤当該慣行が合理的内容のものであることを要する（内容の合理性）とする裁判例も見られます（大和銀行事件　最高裁一小　昭57.10.7判決、京都新聞社事件　最高裁一小　昭60.11.28判決等）。

これらの要件の存否については、「その慣行が形成されてきた経緯と見直しの経緯を踏まえ、当該労使慣行の性質・内容、合理性、労働協約や就業規則等との関係（当該慣行がこれらの規定に反するものか、それらを補充するものか）、当該慣行の反復継続性の程度（継続期間、時間的間隔、範囲、人数、回数、頻度）、定着の度合い、労使双方の労働協約や就業規則との関係についての意識、その間の対応等諸般の事情を総合的に考慮して決定すべきものであり、この理は、右の慣行が労使のどちらに有利であるか不利であるかを問わないもの」とされています（前掲商大八戸ノ里ドライビングスクール事件）。

嘉納英樹・西内 愛　弁護士（アンダーソン・毛利・友常法律事務所）

法令、労働協約、就業規則、労働契約と、労使慣行との関係（優先順位）はどうなるか

強行法規違反、または労働協約や就業規則より不利な労使慣行は無効

1 法令と労使慣行の関係

労使慣行が、事実たる慣習（民法92条）に当たる場合には、任意規定と異なる内容であっても、労使慣行が任意規定に優先しますが、強行法規に違反するものであれば、法的な効力は生じません（同条）。労基法や安衛法などの労働条件に関する規定は、ほとんどが強行法規なので、これらの法令に反する労使慣行は効力を持たないですし、不当労働行為（労組法7条）に該当するような慣行も無効です（静岡県教職委事件　最高裁一小　昭47.4.6判決等）。

2 労働協約および就業規則と労使慣行の関係

労働協約の労働条件に関する規定に反する取り扱いや、就業規則の労働条件基準より労働者に不利な取り扱いは、労働協約の規範的効力（労組法16条）または就業規則の最低基準効（労契法12条）によって、労働契約上の効力を持ち得ません。したがって、もっぱら就業規則や労働協約を労働者に有利に変更する労使慣行のみが、黙示の契約内容の合意（労契法7条）として認められます。

また、労使慣行は、③のとおり、労働協約や就業規則の規定の補充をしたり、解釈を明らかにしたりする場合がありますが、このような場合

には、労使慣行は、就業規則ないし労働協約の規定の解釈基準の地位を与えられ、結局、それらの規則・協約と一体の効力を与えられることになります。

③ 労働契約と労使慣行の関係

労使慣行は、労働契約との関係で、①就業規則などに定めがない場合に、その空白を埋める行為準則となる場合、②労働協約や就業規則などを前提に、その補充をしたり、解釈を明らかにしたりする場合、③就業規則の基準を上回る取り扱いに法的拘束力を与える場合——があります。

④ 慣例、先例・前例

なお、労使慣行として法規範的効力を持つほどではないけれども、事実上の取り扱いが繰り返されている場合は、単なる「慣例」と位置付けられ、前記の労使慣行としての効力は持ちませんが、それに反する使用者の権利の行使を「権利の濫用」として無効にする効果を持つことや、労組法上の不当労働行為と判断されることがあります。

さらに、前記「慣例」の程度にも至らず、単に数回繰り返されている程度のものは、「先例」または「前例」と呼ばれ、権利、義務を設定するような法的効力はありませんが、権利濫用の判断において考慮される場合があります（菅野・前掲書161ページ、安西 愈『トップ・ミドルのための採用から退職までの法律知識（14訂）』［中央経済社］192ページ等）。

嘉納英樹・西内 愛　弁護士（アンダーソン・毛利・友常法律事務所）

 **労使慣行を改廃するにはどのような方法があるか**

 就業規則の改正、一方当事者からの通知、労使合意等の方法がある

労使慣行を改廃する方法としては、以下の五つが考えられます（安西愈『トップ・ミドルのための採用から退職までの法律知識（14訂）』［中央経済社］192ページ以下）。

①就業規則の改正

②一方当事者からの通知

③労働者（労働組合）と使用者間の明示の合意

④労働者の黙示の意思表示

⑤異なる慣行の成立

1 就業規則の改正による方法

労使慣行は、実質的な就業規則的機能を持つところ（Q38の**2**参照）、まず、明白に就業規則の改正という形によって労使慣行の改廃を行う方法があります（ソニー・ソニーマグネプロダクツ事件　東京地裁　昭58.2.24判決）。

就業規則の変更につき、使用者は、①変更後の就業規則を労働者に周知させ、かつ、②就業規則の変更が、労働者の受ける不利益の程度、労働条件の変更の必要性、変更後の就業規則の内容の相当性、労働組合等との交渉の状況その他の就業規則の変更に係る事情に照らして合理的なものであるときは、労働契約の内容である労働条件を、当該変更後の就業規則に定

める内容に変更することができます（労契法10条）。ただし、「労働契約において、労働者及び使用者が就業規則の変更によっては変更されない労働条件として合意していた部分については、第12条に該当する場合を除き、この限りでない」（同法10条）とされており、労使慣行が就業規則の内容となっている場合にも、基本的にこれに沿って判断されます。

② 一方当事者からの通知による改廃

　一方当事者からの通知による改廃としては、①労使慣行の存在自体を否認するもの、②労使慣行の成立を認めるが、それによる取り扱いの廃止を明確に意思表示するもの、③労使慣行の成立を認めながらも、それ以降その取り扱いを修正し、新たな取り扱いや成文の就業規則どおり行う旨意思表示するものなどがあり得ます（国鉄国府津運転所事件　横浜地裁小田原支部　昭63.6.7判決）。一方的な告知による改廃の場合も、就業規則による改廃の場合と同様に、改廃の合理性があり、かつ改廃が周知されていれば可能であると解されています。

③ 労働者（労働組合）と使用者間の明示の合意による改廃

　労働者および使用者は、明示または黙示の合意により、労働契約の内容である労働条件を変更することができます（労契法8条）。そのうち、明示の合意による改廃とは、使用者が改廃を提案し労働者側がそれに同意を表明する等、労使の明示の合意により労使慣行を改廃する方法です（函館ドック事件　函館地裁　昭59.12.27判決）。

④ 労働者の黙示の意思表示による改廃

　使用者が事実上、既存の労使慣行を改廃する取り扱いをし、労働者側

においてその改廃の事実を知りながら、労働者がそれに異議を述べない場合には、使用者側の既存の慣行の改廃の黙示の意思表示（実際上その取り扱いをしないこと）に対し、労働者側もそれに異議を述べないという方法で黙示的に同意を表明していると認められるので、黙示の合意によって労使慣行が改廃されたことになります。

5 異なる慣行の成立による改廃

ある時点で一定の労使慣行が成立していても、またそれとは異なる新しい労使慣行が成立することによって、既存の労使慣行が改廃されることがあります。

嘉納英樹・西内 愛　弁護士（アンダーソン・毛利・友常法律事務所）

 **規定になく慣行的に行われてきた昇給を業績悪化に伴い停止できるか**

 慣行的に行われてきた昇給が労使慣行と認められない限り停止可能

1 昇給について

基本給（年齢給・職能給など）について行われる定期昇給につき、その昇給額は、査定によって差がつけられることがあります。この場合、昇給額支払いの請求権は、昇給の要件（欠格事由等）、基準（率、査定の幅・基準等）、手続き（労使交渉、査定手続き等）に従ってその有無、

額が確定して初めて発生します（菅野和夫『労働法　第11版補正版』[弘文堂] 413ページ）。したがって、通常、会社による査定以前に具体的請求権が発生するものではありません。

そのため、設問のように、昇給時期や昇給基準に関する規定がなく、慣行的に昇給が行われてきた場合には、それが具体的な内容を持ち、労使慣行として法的効力を認められるレベルに至っていない限り、業績に応じて昇給を停止することは妨げられません。

労使慣行としての効力が認められるかは、Q37の要件（①慣行的事実の存在、②当事者による排除の不存在、③労使の規範意識による支持）に沿って判断されますが、具体的に、どのような場合において昇給に関する労使慣行が認められるかは、次の❷の裁判例が参考になります。

なお、昇給に関する取り扱いが、性別等による差別に当たる場合（労基法4条）や、不当労働行為（労組法7条）に当たる場合には、このような取り扱いは許されず、損害賠償請求等が認められる場合があります。

❷　裁判例

高見澤電機製作所事件（東京高裁　平17.3.30判決）は、会社の旧給与規定には、定期昇給の時期と具体的昇給基準が定められていたものの、就業規則の改定により、具体的昇給基準に関する定めが削除されたという事案ですが、組合員が、旧給与規定に定められていた毎年4号俸昇給されるとの労使慣行が成立しているとして、その不実施につき、損害賠償を求めました。しかし、判決では、昇給の具体的基準に関する部分が実質的に団体交渉を通じて長年にわたり履行されてきたことは、各年の労使間団体交渉の結果にすぎず、労使慣行としての法的拘束力を生じると認めることはできないとして損害賠償請求は認められませんでした。

3 設問について

　設問について、前記裁判例のように、給与規定において昇給に関する具体的基準がない場合、実質的には団体交渉や労使間の合意を通じて継続的に長年にわたり基準を決定してきたのであれば、労使慣行としての法的拘束力が認められる可能性は低いと考えられます。

嘉納英樹・西内 愛　弁護士（アンダーソン・毛利・友常法律事務所）

 **支給日に在籍していない退職者に賞与を支給しない慣行は有効か**

 支給日在籍要件の慣行は有効だが、その適用が無効となる場合もある

1 賞与の法的性質

　賞与は、通常、就業規則等において、1年に1回あるいは夏季と年末の2回に分けて、おおよその支給時期と、労働組合があれば労働組合と交渉して額を定め、そうでなければ、会社業績を勘案して使用者が定めるなどと記載されています。賞与の請求権は、一般には、就業規則によって保障されているわけではなく、各時期の賞与につき労使の交渉または使用者の決定により算定基準・方法が定まり、算定に必要な成績査定もなされて初めて発生します（菅野和夫『労働法 第11版補正版』[弘文堂]421ページ）。

② 支給日在籍要件とは

賞与は、就業規則等において、支給日または一定の基準日において在籍する者に対してのみ支給するという、いわゆる賞与支給日在籍要件を定めておく場合も多く、このような規定も有効です。このような取り扱いがある場合には、支給対象期間を勤務していたとしても、支給日ないし基準日に在籍しない者には賞与が支給されません。

裁判例では、自己都合退職した者について、支給日在籍要件の有効性を認めた例（前掲Q37の大和銀行事件等）や、定年退職者に対する支給日在籍要件の有効性を認めた例（カッデン事件　東京地裁　平8.10.29判決）があります。

ただし、使用者が一方的に離職日を決める解雇の場合（小糸製作所事件　東京地裁　昭32.6.25決定、前掲カッデン事件等）や、使用者が一方的に賞与の支給日を変更した場合（ニプロ医工事件　東京高裁　昭59.8.28判決）など、労働者にとって不測の不利益が生じるような場合においては、支給日在籍要件が無効と判断されています。

③ 支給日在籍要件の労使慣行

前記❶のように明文化された規定がない場合であっても、賞与の支給日在籍要件の労使慣行があったことが認められ、賞与請求が否定される場合があります（京都新聞社事件　大阪高裁　昭59.11.28判決、最高裁一小　昭60.11.28判決）。これは、賞与支払対象期間のすべてを勤務しながら、その支給日以前に期間満了により退職した者が、支給日在籍要件があるとして支給を拒否され、賞与の支払いを求めた事案です。裁判所は、長年にわたり、賞与の支給が支給日当日に在籍する従業員に限定したものと就業規則を解釈した取り扱いが続けられてきたこと、昭和53（1978）年3月から同56（1981）年12月までの間、期間満了により

退職した嘱託69名は、例外なく、計算期間に在籍しながら退職後に支給日が到来した賞与を受給していないこと、また、当該労働者以外に、賞与が支給されないことにつき苦情はなかったことなどから、労使慣行の存在を肯定しました。

4 今後の対応

なお、支給日在籍要件の労使慣行がある場合であっても、その範囲や基準等を明らかにすべく、前掲②の裁判例等に照らして有効と考えられる範囲内で、就業規則等において明文化しておくことが望ましいといえます。

嘉納英樹・西内 愛　弁護士（アンダーソン・毛利・友常法律事務所）

 **就業時間中に労使交渉しても賃金カットしない慣行は問題ないか**

A 労働組合に対する経費援助の不当労働行為には該当しないため、賃金カットしない慣行に問題はない

就業時間中の組合活動

まず、労働者は、労働契約に基づき、就業時間中は使用者の業務命令に従って職務を誠実に遂行するという「職務専念義務」を負っています。このため、原則として就業時間中の組合活動は正当性を認められず、組合活動は就業時間外に行われる必要があります。しかし、就業規則や労

働協約によって、就業時間中の団体交渉等への参加を許容する旨が規定されている場合や、組合活動をすることが労使慣行となっている場合には、その範囲での組合活動は許容されます。

② 就業時間中の組合活動時間に対する賃金支払い

労働者が労働組合の一員として団体交渉や労使協議会の場に出席している時間については、使用者から指揮命令を受けて職務に従事する労働時間とはいえないので、賃金を支払わないことが原則です（ノーワーク・ノーペイの原則）。

そのため、就業時間中に労使交渉をしても賃金カットをしない取り扱いは、本来賃金の支払い対象とならない時間に対して賃金を支払うという意味で、労組法7条3号の「労働組合の運営のための経費の支払につき経理上の援助を与えること」（経費援助）の禁止に抵触し得るところですが、同号但し書きでは「労働者が労働時間中に時間又は賃金を失うことなく使用者と協議し、又は交渉することを使用者が許すことを妨げるものでな」いとしており、労働者が就業時間中に使用者と団体交渉、労使協議機関における協議等を行う場合に、そのような交渉、協議のために労働者が職場を離れることを許可し、就労しなかった時間の賃金を使用者が支払っても不当労働行為にはならないとしています（厚生労働省労政担当参事官室編『六訂新版 労働組合法 労働関係調整法』労働法コンメンタール①［労務行政］481ページ以下）。

③ 労働組合との間の労使慣行を改廃したい場合の対応

労働組合と使用者との集団的労働関係上の労使慣行については、個別の労働者と使用者との間の労使慣行と異なり、権利・義務を設定したものとは考えられておらず、労使間の流動的な取り扱いの中で生じている

便宜供与的な対応のものであるため、法的効力が否定される傾向にあります。ただし、従来の労使慣行上の取り扱いを使用者が拒否したときに、不当労働行為意思（労働組合の弱体化を図ったり組合活動の妨害を目的とする意思）が認められると、不当労働行為（労組法7条）となります。

使用者が労働組合との間の労使慣行を改廃したい場合には、労働組合に対し、変更・是正・破棄といった目的を示し、その理由を述べて、協議・交渉によってその合意による変更を図る必要があります。

また、書面により有効に作成された労働協約（労組法14条）の場合でも、少なくとも90日前に文書通告をすることにより解約できること（同法15条3項前段、4項）とのバランスから、まして労働協約の要件を充足しない事実上の労使慣行については、①労働組合と交渉、協議を尽くした上で、②一定の猶予期間（90日より短期間でもよい）をおけば改廃し得ると考えられています（全国労働基準関係団体連合会編『全訂人事・労務管理シリーズⅠ 労働条件の決定変更』［労働調査会］116ページ以下）。

嘉納英樹・西内 愛　弁護士（アンダーソン・毛利・友常法律事務所）

慣行的に行われている夕食休憩は、労基法上の休憩時間に当たるか

 当該慣行の反復継続や使用者側の規範意識の有無がポイントとなる

1 慣行的夕食休憩は労基法上の休憩時間か

　労基法34条1～2項は、1日の労働時間が6時間を超える場合は少なくとも45分、8時間を超える場合は少なくとも1時間の休憩時間を労働時間の途中に一斉に与えなければならないことを規定しています。この基準を超える休憩時間については、労基法の規制は適用されず、労働時間の途中で与えること（同条1項）も、一斉に与えること（同条2項）も、自由に利用させること（同条3項）も求められません。

　したがって、慣行的に行われている夕食休憩は、労基法上の基準を上回る休憩時間なので、労基法の規制は適用されません。

　なお、就業規則等において、労基法上の基準を上回る夕食休憩等の休憩時間が定められている場合もありますが、この場合には、当該定めにより規律されることになります。

2 労使慣行該当性

　夕食休憩が労使慣行として法的効力を認められるためには、③の裁判例に見られるように、当該慣行につき、労使双方の規範意識が認められるかが重要なポイントとなります。

全逓浅草郵便局事件（東京高裁　昭52.7.19判決）では、16時間勤務に服する郵便局職員には、郵便局長の作成にかかる服務表において、合計4時間の休息時間が定められていたところ、組合員らは、当該服務表適用以前から別途に合計1時間の慣行休息時間が存在していたとして、その間の就労を拒否して勤務につかなかったことに対してなされた賃金減額が違法であると主張して減額分の賃金の支払いを求めました。それに対して、裁判所は「郵便局長を初めとする管理者が慣行休息の存在を知らないでいた」などとして、事実たる慣習としての労使慣行の存在を否定しました。

東京中央郵便局（休息権）事件（東京高裁　平7.6.28判決）は、東京中央郵便局において、長年にわたって、諸規則および労働協約に定められる以上の休息時間（慣行休息）が付与されていたところ、それが廃止されたため、労働者が従前の休息時間につき休息する権利の確認と慰謝料の支払いを求めた事案です。ここでも労使慣行の成立は認められませんでした。すなわち、休息時間については、勤務時間規程およびこれに基づく別段の取り扱いによって、規程等に定める時間の範囲内で具体的な時間の指定を所属長に委ねているほか、すべての事項が明文の規程をもって定められており、このような規程の体裁・内容に照らすと、原則として明文の根拠に基づくことなく勤務時間に休息することを認めない意思であることが明らかであり、かつ、使用者は、重ねて慣行休息の是正を申し入れ、慣行休息が是正をしなければならないとの見解を持っており、これを労働組合に表明してきたことなどから、慣行休息について、少なくとも使用者側の規範意識が成立していたと認めることはできないとしました。

嘉納英樹・西内 愛　弁護士（アンダーソン・毛利・友常法律事務所）

 慣行化した代休を廃止し、休日振替を厳密に
適用することはできるか

 休日振替を厳密に適用することにより、事実上代休廃止が
可能

1 休日振替とは

「休日振替」とは、あらかじめ休日と定められていた日を労働日とし、その代わりに他の労働日を休日とすることをいいます。これにより、あらかじめ休日と定められた日が「労働日」となり、その代わりとして振り替えられた日が「休日」となります。したがって、もともとの休日に労働させた日については「休日労働」とはならず、休日労働に対する割増賃金（労基法37条）の支払い義務も発生しません（ただし、労働日となった休日における労働が当該週において40時間を超えて時間外労働となる場合には、時間外労働に対する割増賃金を支払う必要があります）。

休日振替は、労働契約上特定されている休日を他の日に変更することなので、使用者がこれを命じるには、労働協約や就業規則上、業務の必要により就業規則で定める休日を他の日に振り替えることができる旨を定める規定が存在し、それに従って初めて有効となります。このような規定がなければ、休日振替は、労働者の個別的同意を得て初めて行うことが許されます（菅野和夫『労働法 第11版補正版』［弘文堂］472ページ）。なお、休日振替は、労基法の1週1日の休日（同法35条1項）（就業規則に起算日の定めを置いて4週4休などの変形週休制をとっている会社では、それに従った休日）の要件を満たす必要があります。

② 代休とは

　一方、いわゆる「代休」とは、休日労働が行われた場合に、その代償として以後の特定の労働日を休みとする制度であって、事前に休日を振り替えるものではありません。したがって、この場合には、休日労働分の割増賃金を支払う必要があります（昭23.4.19　基収1397、昭63.3.14基発150・婦発47）。休日労働について後日代わりの休日を与えることは法律の義務ではなく（昭23.4.9　基収1004、昭63.3.14　基発150・婦発47、平11.3.31　基発168）、本来、各企業で、就業規則、労働協約等をもって定めた場合や労働者の個別同意がある場合に初めて認められるものであり、これらがなければ、労働者には、使用者に対する代休請求権は発生しません。

③ 代休に関する労使慣行

　代休に関し、就業規則等の定めがない場合でも、労使慣行が成立する余地はありますが（Q37参照）、事前の休日振替が就業規則等に沿って行われていれば、もともとの休日は労働日となり、「休日労働」とはならないので、そもそも代休を与えるべき場合には当たりません。したがって、休日振替を厳密に適用することにより、事実上代休を廃止することが可能です。

嘉納英樹・西内 愛　弁護士（アンダーソン・毛利・友常法律事務所）

 **勤続年数によって慣行的に行われてきた昇格を人事評価により限定できるか**

A 昇格の人事評価は使用者の裁量判断だが、人事制度上、客観的要件の充足のみによって昇格が行われていた場合などには、労使慣行が成立する場合もあり得る

1 昇格に対する法規制

　人事制度（例えば職能資格制度）における資格（格付け）の上昇が「昇格」、等級における級の上昇が「昇級」と呼ばれ、これらは昇格試験の結果や上司の人事考課（査定）に基づき決定されます。昇格・昇級が、一定事由による差別（労基法3条、男女雇用機会均等法6条、パート労働法9条）や不当労働行為（労組法7条）に該当する場合には違法となります。このような場合を除いて、昇格・昇級の決定についての人事評価は、使用者の総合的裁量的判断の性格を持っているので、著しく不合理で社会通念上到底許容できない判断が行われた場合を除いては違法とはなりません。また、使用者の評価と判断によって昇格しないことが決定された場合には、「昇格請求権」までは認め難く、損害賠償が認められ得るのみとなります（菅野和夫『労働法 第11版補正版』[弘文堂]680ページ）。昇格請求権が認められ得るのは、就業規則や慣行上、勤続年数や試験への合格などの客観的要件の充足のみによって昇格が行われる場合などに限られます（芝信用金庫事件　東京地裁　平8.11.27判決）。

　なお、昇格・昇級について労使慣行が成立していない場合でも、差別や不当労働行為の有無の判断の際に、従前の慣行的取り扱いの状況が斟酌されることがあります。

② 労使慣行に関する裁判例

　前記①の芝信用金庫事件は、原告らが、女性であることのみを理由として昇格および昇進その他の処遇において差別的取り扱いを受けたとして、同期同給与年齢の男性職員のうち最も遅く課長職に昇格・昇進した者と同時期に昇格・昇進したとして課長職の資格と職位にあることの確認等を請求した事案です。

　裁判所は、「職員の昇格・昇進は被告の専決事項に属し、被告の決定権限事項であるとはいっても、昇格・昇進にその都度個別的・明示的な決定を要するかは別個に検討されるべき問題であって、例えば、〈中略〉昇格を職員に対し制度的に保障しているような場合にあっては、この制度で定められた要件に該当することとなった当該職員はその該当当時に当該資格に当然に昇格したこととなるということができ〈中略〉、このようなことは、労働協約ないし労働契約で定められている場合は勿論のこと、就業規則によって定められている場合も同様と解すべきであり、さらには、確立した労使慣行となっているような場合にも同様に解することができる」とし、「同期同給与年齢の男性職員の副参事への昇格については、昇格試験制度の下にありながら男性職員については年功的要素を加味した人事政策によってほぼ全員が副参事に昇格したものであって」「このような人事政策は、長期間継続してなされたことによって一般化し、共通性を有するようになっており、労使間の共通認識事項となっていたということができるから」「労使慣行として確立していた」などとして、昇格については、労使慣行に従う内容の判断をしました。

嘉納英樹・西内 愛　弁護士（アンダーソン・毛利・友常法律事務所）

Q046　慣行を理由に出向を命じられるか

A　明白に確立された労使慣行がある場合には、出向を命じられる

1　出向とは

　出向とは、A社がその従業員に対し、A社の従業員の地位（労働契約関係）を保持したまま、B社の従業員（役員）となってB社の業務に従事させる人事異動のことをいいます。出向の場合には、労務提供の相手方企業が変更されるので、就業規則、労働協約上の根拠規定や採用の際における同意などの明示の根拠がなければ、命令することはできないと解されています（菅野和夫『労働法 第11版補正版』［弘文堂］691ページ）。

2　出向命令の可否

　具体的に、どのような場合に出向命令ができるのでしょうか。①入社に当たって、将来の出向の包括的合意が成立していた場合、②労働協約・就業規則における明白な出向規定がある場合、③当該企業における明白に確立された労使慣行がある場合、または④出向命令への労働者本人の明示または黙示の同意がある場合、出向命令が可能と解されています（小野田セメント事件　東京高裁　昭48.11.29判決、安西愈『トップ・ミドルのための採用から退職までの法律知識（14訂）』［中央経済社］813ページ以下）。

③ 裁判例

1 肯定例

　新日本製鐵（日鐵運輸第2）事件（福岡地裁小倉支部　平8.3.26判決）は、会社が協力会社への期間3年の出向命令を発しましたが、一部の組合員が出向先会社に赴任の上、本件出向命令無効確認の訴えを起こした事案です。この判決において、裁判所は、本件出向命令当時、出向を含めた社外勤務に関する就業規則、労働協約および社外勤務協定の規定を前提に、本件出向のような業務委託に伴う期間が長期化することが予想できる出向についても、その必要があり、出向者に労働条件や生活環境の上で問題とすべき事情がなく、適切な人選が行われるなど合理的な方法で行われる限り、出向者の個別具体的な同意がなくても、被告は出向を命じることができることが慣行として確立し、このことが被告と原告らとの間の労働契約の内容として含まれていたと認めるのが相当であると判断しました。

　なお、最高裁二小判決（平15.4.18判決）は、2審（福岡高裁　平11.3.12判決）を維持し、明確な就業規則および労働協約の定めがあることを根拠に、出向命令の有効性を認めました。

2 否定例

　日立電子事件（東京地裁　昭41.3.31判決）では、系列会社への出向には労働契約、就業規則上の明示的な根拠を有するとし、過去28名の者が異議なく出向に応じた状況について、いまだ「出向につき当該労働者の同意を要しないものとして取り扱われている」旨の慣行によって労働契約の内容が修正され、出向が義務付けられるに至っていないとしました。

　ダイワ精工事件（東京地裁八王子支部　昭57.4.26判決）は、親会社から販売会社への出向に関する事案で、包括的合意を根拠に出向命令の拘束力を認めましたが、労使慣行については、「単に使用者の命令に従

業員の大部分が従っているという事実のみでなく、労使間で自主的、自覚的に形成された『規範意識』で裏付けされ積み上げられた慣習でなければならない」とし、この場合は否定しました。

嘉納英樹・西内 愛　弁護士（アンダーソン・毛利・友常法律事務所）

 **慣行や内規に違反した労働者を懲戒処分にできるか**

 就業規則の懲戒規定の解釈、または就業規則の一部といえれば可能

懲戒権の発生

　使用者は、懲戒の事由と手段を就業規則に明定して労働契約の規範とすることによってのみ懲戒処分をなし得（罪刑法定主義）、また就業規則上の懲戒事由およびその手段の定めは、限定列挙と解されています。したがって、就業規則に規定された懲戒事由以外の事由について、労使慣行だけを根拠に懲戒処分にすることは困難であると考えられます。

懲戒事由に関する労使慣行の位置付け

　ただし、労使慣行には、Q38のとおり、労働協約や就業規則などを前提に、その補充をしたり、解釈を明らかにしたりする機能があるので、この場合には、就業規則上の懲戒事由を根拠として懲戒処分をすることができると考えられます。

また、当該内規が事業場において周知されており、その内容も合理的である場合には、就業規則の一部として労働契約の内容となるので（労契法7条）、当該内規に規定された懲戒事由が懲戒処分の根拠となり得ます。

③ 裁判例

　懲戒免職処分取消請求事件（釧路地裁　平24.3.6判決）は、忘年会の1次会、2次会で、それぞれビールを少なくともグラスに3杯ほど飲んで車を運転し、事故を起こしたことを理由として懲戒免職処分を受けた原告（根室市職員）が、本件処分の取り消しを求めた事案です。判決では、違反点の付されていない酒酔い運転は、根室市の職員の交通事故および交通違反の懲戒処分審査委員会審査基準3条(2)イに該当しないと解すべきであること、原告の本件運転行為は、酒酔い運転であって懲戒処分に値するが、本件事故で、原告以外に傷害の結果がないこと、原告の運転車両以外の物損は街灯のガラスの破損と支柱部分のゆがみにとどまることなどから、本件事故を理由に懲戒免職とする必要性は認め難いとして、本件処分を取り消しました。このうち、懲戒処分の審査基準の解釈において、被告側が「酒酔い運転であれば足り違反点を付された場合である必要がない」慣行があったと主張しましたが、認められませんでした。

　　　　　嘉納英樹・西内 愛　弁護士（アンダーソン・毛利・友常法律事務所）

定年後再雇用の慣行があっても、人事考課の成績不良者については契約を拒めるか

労使慣行が認められれば、原則人事考課を理由に契約を拒めない

1 定年後再雇用制度について

高年齢者雇用安定法では、事業主が定年の定めをする場合には、60歳を下回る定年の定めはできないこととし（同法8条。強行規定）、もし事業主が60歳を下回る定年年齢を定めた場合には、その定めは無効となり、定年の定めがないこととなります。

そして、高年齢者雇用安定法は、65歳未満の定年の定めをしている事業主は、その雇用する高年齢者の65歳までの安定した雇用を確保するため、当該定年の引き上げ、継続雇用制度の導入、当該定年の廃止のいずれかを講じなければならないと規定しました（同法9条）。

継続雇用制度には、勤務延長制度（定年年齢が設定されたまま、定年年齢に到達した者を退職させることなく引き続き雇用する制度）および再雇用制度（いったん退職させた後、再び雇用する制度）が含まれますが、再雇用制度の導入が主流となっています。

なお、高年齢者雇用安定法9条の違反がある場合でも、9条は私法的効力を持つものではないと考えられていますので、60歳定年制が無効となることはなく、また、個別の労働者の65歳までの雇用義務を課すものではありません（厚生労働省「高年齢者雇用安定法Q&A」Q1-3。ただし、適切な継続雇用制度の導入等がなされていない事実を把握した場合には、高年齢者雇用安定法違反となりますので、公共職業安定所を

通じて実態を調査し、必要に応じて、助言、指導、勧告、企業名の公表を行うこととなります。高年齢者雇用安定法10条)。

2 継続雇用制度の対象

　事業主が継続雇用制度を導入する場合には、希望者全員を対象とするものにしなければなりません（ただし、改正高年齢者雇用安定法が施行された平成25［2013］年3月31日までに労使協定により継続雇用制度の対象者を限定する基準を定めていた事業主については、経過措置として、老齢厚生年金の報酬比例部分の支給開始年齢以上の年齢の者について、継続雇用制度の対象者を限定する基準を定めることが認められています）。

　なお、心身の故障のため業務に堪えられないと認められること、勤務状況が著しく不良で引き続き従業員としての職責を果たし得ないこと等就業規則に定める解雇事由または退職事由（年齢に係るものを除く）に該当する場合には、継続雇用しないことができます。ただし、継続雇用しないことについては、客観的に合理的な理由があり、社会通念上相当であることが求められると考えられることに留意が必要です（「高年齢者雇用確保措置の実施及び運用に関する指針」第2－2　平24.11.9　厚労告560)。設問のように、人事考課の成績不良者であったということだけでは、継続雇用しないことができる場合には当たらないと考えられます。

3 継続雇用制度（定年後再雇用）に関する定めがない場合の取り扱い

　会社が、定年到達者の嘱託等への再雇用を格別の手続きをせずに自動的に行っていたときや、希望者が原則として再雇用されていたという場

合には、労使慣行により、黙示の再雇用契約の成立が認められる可能性があります。

例えば、日本大学（定年・本訴）事件（東京地裁　平14.12.25判決）は、教職員の定年は満65歳とするが、「特別の事由により必要と認めたとき」は、「理事会の議を経て、これを延長することができる」と規定する就業規則の下、法学部教授の定年の2年延長について、理事会がこれを認めないと議決したことに対し、同教授が満70歳まで定年が延長されるとの慣例が「事実たる慣習」として労働契約の内容となっていると主張し、地位確認等が求められた事案です。少なくとも昭和56（1981）年以降平成13（2001）年まで、法学部の教授で、定年延長を希望する意思を最終段階まで有しながら、それがかなえられなかった例はまったくなかったことなどから、労使慣行が成立しているとされました。

④ 定年延長の労使慣行の改廃

仮に、定年延長の労使慣行が認められるとしても、就業規則等により明示的に異なる定めを置くことにより、労使慣行を改廃することができます。

教王護国寺（東寺）事件（京都地裁　平10.1.22判決）は、旧就業規則下では65歳定年制はあるものの、希望者全員が再雇用されていたところ、新就業規則では65歳定年制を定め、業務上の必要性や対象者の成績等を勘案して嘱託として再雇用することとし、その後満65歳となった労働者が再雇用されなかったことから、地位確認等が求められた事案です。この判決では、新就業規則の制定は、その必要性および合理性を満たし、制定手続きも適正であって、その効力を認めることができるため、従来の職員が希望する限り雇用する旨の労使慣行は、新就業規則の施行によって変更されたと判断されました。

嘉納英樹・西内 愛　弁護士（アンダーソン・毛利・友常法律事務所）

慣行化しているレク補助費用を打ち切ることはできるか

A 労使慣行があっても、比較的容易に一方的通知による打ち切りが可能

1 レク補助費用の位置付け〜福利厚生

職場のレクリエーション活動（以下、レク活動）は、労働者の労働による疲労やストレスからの回復、職場の人間関係の改善やコミュニケーションの活性化などを目的に行われています。レク活動の支援方法としては、施設の提供、イベントの開催のほか、補助金（レク補助費用）の支給などがありますが、レク補助費用は、福利厚生給付の一つに位置付けられています。

福利厚生とは、一般的に、主として労働契約関係において、使用者が、本来的には任意的、恩恵的に、場合により法律上の義務の履行として、現在ないし将来にわたって、労働者（その家族も含めて）の生活福祉の向上や労働能率の向上等を目的として給付する利益・便宜や提供する施設等をいうと説明されています。そして、「福利厚生は、賃金や労働時間と同様に、労働契約関係下での労務提供にかかわる待遇であるが、賃金や労働時間等の主要な待遇に比して、立法規制のレベルでは、保護法益としての位置づけが高くない」とされています（柳屋孝安「福利厚生と労働法上の諸問題」[「日本労働研究雑誌」2007年7月号] 33ページ）。

福利厚生は、労働者全体を対象とする事項につき就業規則や労働協約で規定化されるのが通例ですが、特定の労働者との個別の合意や労使慣行によっても給付請求権等の内容となり得ます。他方、就業規則に規定

（制度）化されず、社内規程化しても労働者に事前に制度内容を周知しないか、周知しても請求内容が確定できない場合には、特定の福利厚生を単なる任意的、恩恵的給付にとどめることも可能です。その給付請求権の付与や運用はもっぱら使用者の裁量に委ねられることとなります。しかし、不当労働行為や差別等の違法な運用や労働契約上の信義則に反する運用は許されません（前掲「福利厚生と労働法上の諸問題」35ページ）。

② 労使慣行該当性の判断

レク補助費用の支払いが労使慣行に該当するかは、Q37の①慣行的事実の存在、②当事者による排除の不存在、③労使の規範意識による支持の要件該当性が判断されます。レク補助費用のような福利厚生給付の場合、①を認定するためには、支給基準が明確であったか、例外なく給付がなされていたか、③の判断に当たっては、レク補助費用の支払いが単なる任意的、恩恵的給付ではなく職場における確立したルールとして運用するという認識が労使間にあったかどうか等がポイントとなります。

③ レク補助費用制度の改廃

仮にレク補助費用が労使慣行と判断され、それを廃止して支払いを打ち切りたい場合は、明示の意思表示（一方当事者からの通知）による改廃による方法が考えられます（Q39参照）。レク補助費用のような福利厚生給付の労使慣行は、前記①のとおり、賃金や労働時間等に関する労使慣行と比較して、保護法益としての位置付けが高くないので、比較的緩やかに改廃の合理性が判断されると考えられます。

嘉納英樹・西内 愛　弁護士（アンダーソン・毛利・友常法律事務所）

 **慣行となっている退職金の支給を取りやめることはできるか**

 労使慣行が成立していれば、退職金支給廃止の措置が必要

1 退職金の労基法上の取り扱い

　労基法上、常時10人以上の労働者のいる事業場では就業規則の作成が義務付けられており、退職金制度を設ける場合には、①適用される労働者の範囲、②金額の決定、計算、支払い方法、③支払い時期に関する事項を明記しなければなりません（労基法89条3号の2）。この労基法の規定に従い、退職金が就業規則（賃金規程または退職金規程）に具体的に定められていれば、労働者はその内容に基づく退職金債権を取得し（昭22.9.13　発基17）、労基法上、賃金として保護されることになります（シンガー・ソーイング・メシーン事件　最高裁二小　昭48.1.19判決）。したがって、設問の事態が生じ得るのは、就業規則があっても退職金制度の記載をしていない場合、または労働者が10人未満で就業規則の定めがない場合等において、労使慣行で退職金を支払っているケースです。

2 退職金の労使慣行該当性

　退職金の支給についても、①慣行的事実の存在、②当事者による排除の不存在、③労使の規範意識による支持等の要素に沿って労使慣行としての法的効力が認められれば、個々の労働契約の内容になります。これ

までの例において、退職金が支給されるのが原則で、例外的な場合にのみ支給されないのであれば、労使慣行が成立する可能性は高いといえます。

　退職金の支給が労使慣行となっていない場合には、差別的な取り扱い等、特別な事情がない限り、支給を取りやめることができます。一方、退職金の支給が労使慣行となっていた場合には、廃止の手続き（Q39参照）を取る必要があります。

③ 裁判例

1 労使慣行の成立肯定例

　日本段ボール研究所事件（東京地裁　昭51.12.22判決）は、退職金規程が存在しない会社を退職した元従業員が、1年以上勤務した従業員が退職する場合には、退職金が支払われる慣行が成立していたとして、退職金を請求した事案です。判決では、退職金規程は存在しなかったけれども、経理担当者が複数の退職金支給基準案を作成し、それを代表取締役に示して基準を明確にするよう進言し、これに基づいて勤続年数に応じた退職金支給額に係る基準が策定されており、退職した従業員に対してはいずれも同退職金支給基準に基づいて支払われていたことを理由に、労使慣行の成立が認められました。

2 労使慣行の成立否定例

　岡部製作所（退職金）事件（東京地裁　平19.11.26判決）では、退職金の計算の際には現実の給与額よりもかなり低い基準給与を算定の基礎とするというルールについて、実際に運用されてきた事実は認められるが、それが成文化されたかはあやふやであり、そのルールを知っていた従業員は2〜3割程度であったという状況も踏まえれば、周知性にも問題があり、効力がないとされました。

嘉納英樹・西内 愛　弁護士（アンダーソン・毛利・友常法律事務所）

 **正社員に慣行的に支給している職務手当について、パートタイマーから無期労働契約に転換した者には不支給にできるか**

 職務手当が正社員にのみ支給されることが明白であれば、不支給にできる

1 無期契約転換とは

改正労契法により、平成25（2013）年4月1日以後に開始する有期労働契約を対象として、有期労働契約が反復更新されて通算5年を超えたときは、労働者の申し込みにより、期間の定めのない労働契約（無期労働契約）に転換できるルールが導入されました（労契法18条）。パートタイマーであっても、このルールは適用されます。

2 無期契約転換後の労働条件

無期労働契約に転換した後の労働条件（職務、勤務地、賃金、労働時間など）は、別段の定めがない限り、直前の有期労働契約と同一となります。「別段の定め」とは、労働協約、就業規則、個々の労働契約（無期契約転換に当たり労働条件を変更することについての労働者と使用者との個別の合意）が該当します。労契法18条は、無期契約転換による雇用の安定化の促進を趣旨とするものであって、無期契約転換後の契約内容をいわゆる「正社員」と同一にすることは必ずしも想定していません（荒木尚志・菅野和夫・山川隆一『詳説 労働契約法 第2版』［弘文堂］192ページ）。

無期契約転換後の労働者に適用される就業規則が存在しない場合に

は、無期契約転換した労働者は、正社員用の就業規則の適用を受ける可能性があります。例えば、正社員であるか否かを問わず、期間の定めがない労働者を対象として定められている就業規則の場合には、無期契約転換した労働者にも適用され得ます。他方、正社員用の就業規則に無期契約転換後の労働者は適用対象外である旨が明示されているときには適用されません。

　このような定めのない場合には、結局、個々の事案における就業規則条項の適用範囲の解釈の問題になります。すなわち、労契法18条が、無期契約転換後の労働条件は従前の有期労働契約における労働条件と原則として同一であると定め、無期契約転換により、当然にいわゆる正社員に転化するものではないことを明らかにしていることからすると、いわゆる正社員のみを想定していることが明らかな条項については、無期契約転換後の労働者には適用されないと考えられます。他方で、無期契約転換により適用すべき就業規則条項が存在しなくなってしまうという事態は避けることが望ましいことを考慮すると、正社員というよりは、契約期間の定めがないという属性に着目して定められた条項については、無期契約転換後の労働者にも適用されることが考えられます（前掲書195ページ）。このような解釈問題を避けるためには、無期契約転換後の労働者を対象とする就業規則の整備が必要です。

3　正社員への慣行的な職務手当の支給が「別段の定め」に当たるか

　「別段の定め」に該当する「個々の個別契約」は、明示の合意のみを含むと解すれば、慣行的な職務手当の支給が「別段の定め」として、無期契約転換後の労働契約に組み込まれることはないと考えられます。

　しかし、「別段の定め」に該当する「個々の個別契約」に、黙示の合意や労使慣行も含まれると解すると、無期契約転換後の労働条件として扱われる可能性があります。この場合、正社員に対する就業規則の適用

の有無の問題と同様に、当該職務手当が、支給の趣旨・理由、支給条件、対象範囲等からいって正社員に対して支給されることが明らかな性質のものであり、それ以外の労働者に支給する労使慣行はないといえる場合には不支給とすることができると考えられます。他方で、パートタイマー以外の正社員全員に対して支給する趣旨のものであれば、無期契約転換後の労働者をも対象範囲とする労使慣行とされる可能性があります。

　このような解釈の問題を避けるためには、就業規則において、職務手当の支給条件や対象範囲を明確にし、規定化しておくことが望ましいでしょう。

　なお、有期労働契約から無期労働契約に転換した者がパート労働者（1週間の所定労働時間が同一の事業所に雇用される通常の労働者の1週間の所定労働時間に比し短い労働者をいいます。パート労働法2条）の場合、正社員と比較して労働条件が低ければ、パート労働法8条違反の有無が問題となります。すなわち、当該パート労働者につき、正社員と比較して、雇用されている全期間において、従事している業務内容、これに伴う責任の程度・職務内容や配置の変更範囲等が同一であるにもかかわらず、正社員と比較して賃金等の労働条件が低ければ、その差異に関して合理的な理由がない限り、同条違反となります。無期契約転換した労働者に職務手当を不支給とする場合で上記条件に当てはまる場合には注意が必要です。

嘉納英樹・西内 愛　弁護士（アンダーソン・毛利・友常法律事務所）

第4章
労使協定

労使協定とは何か。どのような効力を持つのか。労使協定と労働協約はどのように違うのか

A 労使協定は、使用者と事業場の労働者代表との書面による協定で、協定で定めた内容の限りにおいて適法とする効果（免罰的効果）を生ずるものであるが、私法上の効力は生じない

1 労使協定の意義

労基法等は、労働者を保護するために強行的に労働関係を規制します。ただ、一定の事項については、事業場の労使協議に委ねて強行的な規制を解除（免罰的効果）します。これが、「労使協定」です。

"36協定"（時間外・休日労働協定）がその代表例です。週40時間、1日8時間の労働時間の規制に対して、労使協定を締結することで、協定の定める時間まで規制が解除され適法となりますが、労使協定が有効に締結されなければ、免罰的効果は発生せず、元の強行的に規制された状態になります。36協定が無効になれば、週40時間、1日8時間を超えた労働は違法となります。

2 労働協約との区別

このように労使協定は協定で定めた内容の限りにおいて適法とする効果（免罰的効果）を持ちますが、労働者の代表である労働組合との書面による合意である「労働協約」とは、明確に区別する必要があります。

労働協約は、その規範的効力（労組法16条により、労働協約に反する労働契約の内容は無効となり、労働協約の内容が基準となるという効力）によって労働契約を直接規律する効力を持ちます。労働協約で労働

図表4-1 ●労使協定と労働協約の対比

区　分		労使協定	労働協約
根拠法		労基法ほか	労組法
効果	内容	強行法規の規制を解除（免罰的効果）	組合員の労働条件を労働協約の内容に基づいて直接規律（規範的効力）
	単位	事業場	労働組合
	対象者	（事業場の）全従業員	原則、組合員
要件		①一定の法定事項（Q53参照）につき、 ②当該事業場の過半数代表（過半数組合、なければ過半数代表者）との書面による協定	①労働条件につき、 ②労働組合（過半数でなくてもよい）と使用者との書面による合意

条件を定めれば、組合員はこれに拘束され、個別の労働契約は労働協約の定めに書き換えられます。

　一方、労使協定は、計画年休協定や育児・介護休業法、高年齢者雇用安定法の労使協定を除いて私法（私人間の権利義務など私的生活関係を規律する法です。ここでは、企業と労働者の間を規律する法）上の効力はありません（［図表4-1］参照）。36協定の例でいうと、36協定を締結しただけでは、労基法32条の週40時間、1日8時間の労働時間の規制が解除されるだけで、労働者に残業ないし休日出勤を義務付ける私法上の効力は生じないのです。

　したがって、労働契約上の権利義務を設定するためには、労使協定に加えて、就業規則等の私法上の根拠が必要です。つまり、上記の例でいうと、就業規則等に、「会社は従業員に対し、残業、休日出勤を命令することがある」という定めが必要となります。

浅井 隆　弁護士（第一芙蓉法律事務所）

Q053 法定の労使協定締結事項は何か。それぞれの有効期間、届け出の要否はどうなっているか。届け出は効力要件か

A [図表4-2] のとおりである

　労使協定とは、労基法、育児・介護休業法、高年齢者雇用安定法等によって、企業が、一定の法定事項につき「当該事業場の労働者の過半数を組織する労働組合」、または、そのような労働組合がない場合には「当該事業場の労働者の過半数を代表する者」（以下、両者を合わせて「労働者代表」）との書面による協定を締結した場合、その協定の内容の限りで法の規制を解除する効果（免罰的効果）を与えるものです。

　労基法がその規制の解除を事業場の労働者代表に委ねるのは、規制の目的が基本的には労働者保護にあるので、その保護の対象となる労働者の代表が労使協定という明確な形で許容するのであれば、その限りにおいては法の保護（規制）をやめても大丈夫であろう、ということです。ただ、それは"法規制解除"の効力しかないので、個々の労働者の義務とする（私法上の効力）には、別に根拠（就業規則、個別の労働契約、労働協約）が必要となります。

　労基法が労使協定に免罰的効果を付与する事項、有効期間の定めの要否、届け出の要否、届け出が効力要件か否かを表にまとめると、[図表4-2] のとおりです。

浅井 隆　弁護士（第一芙蓉法律事務所）

図表4-2 ●労基法における協定事項、有効期間の定め等

（「有効期間の定めの要否」で、○は "必要"、×は "規制なし" を示す）

法定事項 （根拠）	有効期間の定めの要否	届け出の要否	届け出は効力要件か	協定事項	その他
任意貯蓄金管理協定 （労基法18条2項以下、労基則5条の2、6条、57条、昭27労働省令24号1〜6条）	×	○ （様式第1号）	×	貯蓄金の管理が社内預金の場合（なお、貯蓄金の管理が通帳保管の場合は、昭27.9.20 基発675等により協定事項の定めあり） ①預金者の範囲 ②預金者1人当たりの預金額の限度 ③預金の利率および利子の計算方法 ④預金の受け入れおよび払い戻しの手続き ⑤預金の保全の方法	貯蓄金管理規程を定め、労働者への周知義務あり 毎年様式第24号による所轄労働基準監督署長への報告義務あり
賃金控除協定 （労基法24条1項但し書き、昭27.9.20 基発675、平11.3.31基発168ほか）	×	×	×	①控除の対象となる具体的項目 ②①の各項目別に定める控除を行う賃金支払日	控除限度額につき、民法510条、民事執行法152条
1カ月以内単位の変形労働時間制 （労基法32条の2、労基則12条の2、12条の2の2、昭63.1.1基発1・婦発1、平9.3.25 基発195、平11.3.31基発168、169ほか）	○ 3年以内程度が望ましい	○ （様式第3号の2）	×	①起算日と変形期間（1カ月以内の一定の期間） ②各週、各日の労働時間を具体的に定めること（変形期間を平均し、週の労働時間が法定労働時間を超えないこと）。ただし、柔軟な対応（昭63.3.14基発150・婦発47等）も認められている	届け出は、労使協定の効力発生要件ではない（ただし、怠れば、罰則の適用あり）

法定事項 （根拠）	有効期間の定めの要否	届け出の要否	届け出は効力要件か	協定事項	その他
フレックスタイム制 （労基法32条の3、労基則12条の2、12条の3、昭63.1.1　基発1・婦発1、昭63.3.14　基発150・婦発47、平6.3.31　基発181、平9.3.25 基発195ほか）	×	×	×	①対象労働者の範囲 ②起算日と清算期間（1カ月以内） ③清算期間における総労働時間（週の労働時間が法定労働時間を超えないこと） ④標準となる1日の労働時間 ⑤コアタイムを設ける場合は、その開始・終了の時刻 ⑥フレキシブルタイムを設ける場合は、その開始・終了時刻	
1年以内単位の変形労働時間制 （労基法32条の4、32条の4の2、労基則12条の2、12条の4、平6.1.4　基発1・婦発1、平9.3.25基発195、平11.3.31　基発168、169ほか）	○ 1年程度が望ましいが、3年程度以内なら受理	○ （様式第4号）	×	①対象労働者の範囲 ②起算日と対象期間（1カ月を超え1年以内の期間で、その期間を平均し1週間当たりの労働時間が40時間を超えない範囲内において労働させる期間） ③特定期間（対象期間中の特に業務が繁忙な期間） ④対象期間における労働日と（当該労働日ごとの）労働時間。ただし、柔軟な対応（労基法32条の4第2項）も認められている	届け出は、労使協定の効力発生要件ではない（ただし、怠れば、罰則の適用あり）
1週間単位の非定型的変形労働時間制 （労基法32条の5、労基則12条の5、昭63.3.14基発150・婦発47、平6.3.31基発181ほか）	×	○ （様式第5号）	×	1週間の所定労働時間等を定める （様式第5号参照）	届け出は、労使協定の効力発生要件ではない（ただし、怠れば、罰則の適用あり）（各週の各日の労働時間を）労働者に事前に書面で通知する義務あり

法定事項 （根拠）	有効期間の定めの要否	届け出の要否	届け出は効力要件か	協定事項	その他
一斉休憩の原則の適用除外協定 （労基法34条2項但し書き、労基則15条、平11.1.29　基発45ほか）	×	×	×	①（適用除外とする）対象労働者の範囲 ②①の労働者に対する休憩の与え方	
時間外・休日労働協定（36協定） （労基法36条、労基則16条、17条、労働時間の延長の限度等に関する基準、昭29.6.29　基発355、昭63.3.14　基発150・婦発47、平11.3.31　基発168、169ほか）	○ 1年とするのが望ましい	○ （様式第9号）	○	①時間外・休日労働させる必要のある具体的事由 ②業務の種類 ③労働者の数 ④1日および1日を超える一定の期間についての延長することができる時間または労働させることができる休日	所轄労働基準監督署長への届け出は、時間外・休日労働の有効要件
時間外割増賃金の代替休暇 （労基法37条3項、労基則19条の2）	×	×	×	①代替休暇の時間数の具体的な算定方法 ②代替休暇の単位 ③代替休暇を与えることができる期間 ④代替休暇の取得日の決定方法、割増賃金の支払日	
事業場外労働のみなし労働時間の協定 （労基法38条の2第2項、労基則24条の2、昭63.1.1　基発1・婦発1、昭63.3.14　基発150・婦発47、平11.3.31　基発168ほか）	○	△ （届け出は、労働時間が法定労働時間を超えなければ不要） （様式第12号）	×	事業場外で従事する業務につき、1日について、その遂行に通常必要とされる時間数 （注）取り扱い商品、担当地区等によって類型化され、それぞれの業務の遂行に要する時間に差異があれば、労使協定ではそれぞれの時間数を定めることになる。どの程度に区分するかについても、労使間で協議が必要	届け出が必要な場合でも協定の内容を上記時間外・休日労働協定の届け出に付記して届け出る（この場合、様式第9号の2を使用）ことで、代えることができる。届け出は、労使協定の効力発生要件ではない（ただし、怠れば、罰則の適用あり）

法定事項 （根拠）	有効期間の定めの要否	届け出の要否	届け出は効力要件か	協定事項	その他
専門業務型裁量労働制 （労基法38条の3、労基則24条の2の2、平9.2.14 労告7、昭63.1.1 基発1・婦発1ほか）	○ 3年以内が望ましい	○ （様式第13号）	×	①対象業務 ②1日当たりのみなし労働時間（当該業務の遂行に必要な時間） ③使用者が労働者に具体的な指示をしないこと ④健康福祉確保措置 ⑤苦情処理措置 （注）業務がいくつかに分類され、それぞれその遂行に必要とされる時間が異なる場合には、労使協定でそれぞれの時間数を定めることになる	届け出は、労使協定の効力発生要件ではない（ただし、怠れば、罰則の適用あり）
年休の時間単位付与 （労基法39条4項、労基則24条の4）	×	×	×	①対象労働者の範囲 ②時間単位年休の日数 ③時間単位年休1日の時間数 ④1時間以外の時間を単位とする場合は、その時間数	
計画年休協定 （労基法39条6項、昭63.1.1 基発1・婦発1ほか）	×	×	×	年休日の特定（対象者、計画的付与の方法、対象となる年休日の日数）	
年休日の賃金を標準報酬日額とする協定 （労基法39条7項）	×	×	×	年休日の賃金を標準報酬日額とする旨	

Q054 労使協定の締結は、どのような立場の者が行うか

A 労働者側は、「当該事業場の労働者の過半数で組織する労働組合」、そのような組合がない場合には「当該事業場の労働者の過半数を代表する者」である。使用者側は、労働協約の当事者となるべき事業主である

労基法は、その適用単位が事業場であることから（9条参照）、事業場の労使の代表の間で当該事業場の実情に即した協定の締結が要求されます。

① 労働者側当事者（労働者代表）

労働者側当事者（労働者代表）は、「当該事業場の労働者の過半数で組織する労働組合」、または、そのような組合がない場合には「当該事業場の労働者の過半数を代表する者」です。したがって、「当該事業場の労働者の過半数で組織する労働組合」がある場合は、必ずこれによらなければならず、「当該事業場の労働者の過半数で組織する労働組合」があるのに「当該事業場の労働者の過半数を代表する者」を労働者側当事者とするのは、違法ですので、注意を要します。

■1「労働者」の範囲

この代表母体の「労働者」とは、要するに、当該事業場において労働する労基法上の労働者（9条）です（詳細はQ56参照）。

■2 労働者の過半数を組織する労働組合

「労働者の過半数を組織する労働組合」とは、当該事業場の全労働者の過半数を組織した労働組合をいい、過半数の労働者が加入していれば、当該事業場を単位に組織された労働組合（事業所別組合）や当該事業場

の支部組織である必要はなく、企業全体（複数事業場）を単位とする企業別労働組合や企業外の単一組合（例えば、地域の産業別ないし一般労組）でも差し支えありません。

❸ 労働者の過半数を代表する者

「労働者の過半数を代表する者」は、事業場の労働者を代表して当該事項の協定を締結するにふさわしい者です。従来、その被選出者の資格や選出方法は、通達（昭63.1.1　基発1・婦発1）に基準が設定され、時間外・休日労働協定の届け出様式（様式9号）の過半数代表者の「職」「選出方法」の記載チェックで指導されてきましたが、平成10（1998）年の労基法改正の際、①労基法上の管理監督者（41条2号前段）でないこと、および②労使協定の締結等を行う者を選出することを明らかにして実施される投票、挙手等の方法による手続きにより選出された者であることという要件が定められました（労基則6条の2）。

② 使用者側当事者

労使協定が労働協約の形式で締結され得ることを考えると、企業側当事者は、労働協約の当事者となるべき事業主（法人企業であれば法人そのもの）と解されます。そして、通常、労基法10条の「使用者」に当たる者が、その事業主を代理して協定を締結する権限があると解されます。

浅井 隆　弁護士（第一芙蓉法律事務所）

労使協定を結ぶ「過半数代表者」を選ぶ際の留意点とは何か。また、電子メールやイントラネットを使った選出も可能か

A 被選出者は、管理監督者でないこと、選出方法は、労使協定の締結等を行う者を選出することを明らかにした民主的な方法であることで、電子メールやイントラネットを使った選出も問題ない

　労使協定締結の労働者代表は、過半数組合（当該事業場の過半数で組織する労働組合）、それがなければ、当該事業場の労働者の過半数を代表する者（過半数代表者）です。以下、過半数代表者の選出方法等について説明します。

1 被選出者の資格

　過半数代表者は、事業場の労働者を代表して当該法定事項の協定を締結するにふさわしい者でなければなりません。

　被選出者は、労働者代表の重要性に鑑み、管理監督者（労基法41条2号前段）でないことが必要とされます（労基則6条の2第1項1号）。なぜなら、管理監督者には、全労働者のために事業場の実情に即した協定を締結することが期待しにくいからです。ただ、任意貯蓄金管理協定、賃金控除協定、時間単位年休に関する協定、計画年休協定、年休日の賃金を標準報酬日額とする協定で該当する労働者がいない（管理監督者のみの）場合は、要件とされません（労基則6条の2第2項、平11.1.29基発45、平22.5.18　基発0518第1）。

　労基則等がこの五つの労使協定しか言及しないのは、他の労使協定（1カ月以内単位の変形労働時間制、フレックスタイム制、1年以内単位の変形労働時間制、1週間単位の非定型的変形労働時間制、一斉休憩の原

則の適用除外協定、時間外・休日労働協定、事業場外労働のみなし労働時間の協定、専門業務型裁量労働制。Q53の［図表4-2］を参照）では、管理監督者はその基となる法定労働時間等の法規制の適用が除外されていますので、管理監督者のみの事業場では、そもそも労使協定締結の必要がないからです。

② 選出方法

選出方法は、労使協定の締結等を行う者を選出することを明らかにして（つまり、何のために選出するのかを明らかにして）、投票、挙手等の方法による手続きで選出する必要があります（労基則6条の2第1項2号）。この「等」には、労働者の話し合い、持ち回り決議など労働者の過半数が当該者の選任を支持していることが明確になる民主的な手続きが該当します（平11.3.31　基発169）。

閲覧やメールによる選出も、労使協定の締結等を行う者を選出することを明らかにして実施し、その実施が投票、挙手等の民主的な手続きによる方法で選出されれば、問題ありません。

③ 不利益取り扱いの禁止

企業は、労働者代表であること、労働者代表になろうとしたこと、労働者代表として正当な行為をしたことを理由に、解雇、賃金の減額、降格等、労働条件について不利益な取り扱いをしてはなりません（労基則6条の2第3項）。

この「労働者代表として正当な行為」には、法に基づく労使協定の締結の拒否、1年以内単位の変形労働時間制の労働日ごとの労働時間についての不同意等も含まれます（平11.1.29　基発45）。

浅井 隆　弁護士（第一芙蓉法律事務所）

労使協定を結ぶ「過半数代表者」の分母となる労働者には、パートタイマーや出向者など、どこまで入るのか

A 管理監督者、監視・断続的業務従事者、年少者のほか、パートタイマー、期間雇用労働者などの非正規労働者も入る。出向者については、労働契約上の各権限の分配に従って決められる。派遣労働者は、労基法34条の休憩時間に関する協定を除き、派遣元の労働者に入る。

1 労使協定における「労働者」

労使協定の労働者側は、「当該事業場の労働者の過半数で組織する労働組合」、そのような労働組合がない場合には「当該事業場の労働者の過半数を代表する者」ですが、この母体となる「労働者」とは、当該事業場において労働する労基法上の労働者（9条）です。つまり、「労働契約」によって労働力を提供している者すべてです。

行政解釈も、労基法36条の労使協定（時間外・休日労働協定）において、同様の解釈をします（昭46.1.18　45基収6206、昭63.3.14　基発150・婦発47、平11.3.31　基発168）。

2 「労働者」の範囲

以上から、労使協定における労働者代表の母体の「労働者」の中には、管理監督者（労基法41条2号前段）、監視・断続的業務従事者（同条3号）、年少者（60条）などの労基法上特別扱いされている労働者も含まれますし、正規労働者だけでなくパートタイマー、期間雇用労働者などの非正規労働者も広く含まれます。

取締役、監査役等企業の役員も、工場長、部長などの職に就いて賃金

を受けるなど、労働者としての実態があれば、「労働者」に含まれます。

　さらには、請負契約や委任契約で労務を提供している者も、当該契約が実態として労働契約と判断されれば、「労働者」に含まれます。また、病欠、出張、休職中等、当該協定期間中に出勤がまったく予想されない者も含まれます（前掲通達参照）。

　ただ、出向者については、出向元に包括的労働関係がありながら出向先にも労務の提供を中心とする部分的労働関係があることから、出向者の「事業場」は、労働契約上の各権限の分配に従って決められます（東京大学労働法研究会編『注釈労働基準法（上巻）』［有斐閣］161ページ）。すなわち、出向者への労務指揮権は出向先にあるから、これに関する労使協定（任意貯蓄金管理協定・賃金控除協定・年休日の賃金を標準報酬日額とする協定以外の労使協定）の事業場は出向先であり、それ以外の労使協定（上記三つの協定）の事業場は、出向元となります。ただし、賃金の支払いまで出向先が行う形態の出向では、賃金控除協定・年休日の賃金を標準報酬日額とする協定についても、出向先が出向者の事業場になります。

　なお、派遣労働者の事業場は、労基法34条の休憩時間に関する協定を除き（昭61.6.6　基発333、昭63.3.14　基発150・婦発47、平11.3.31　基発168）、派遣元であって派遣先ではありません（労働者派遣法44条2項）。

浅井 隆　弁護士（第一芙蓉法律事務所）

組合が複数ある場合、どのように従業員代表（労働者代表）を選ぶか

「当該事業場の労働者の過半数で組織する労働組合」に該当しなければ、別途、「当該事業場の労働者の過半数を代表する者」を選出するのが原則

　労使協定の労働者側当事者（労働者代表）は、「当該事業場の労働者の過半数で組織する労働組合」であり、そのような組合がない場合には「当該事業場の労働者の過半数を代表する者」（過半数代表者）です。

　二つある労働組合のいずれもが過半数を占めていない場合、例えば、A組合30％、B組合30％の場合には、A組合、B組合いずれも「当該事業場の労働者の過半数で組織する労働組合」には該当しません。よって、別途、「当該事業場の労働者の過半数を代表する者」を選出するのが原則です。

1 二つの組合が合同で締結するとき

　ただ、時間外・休日労働協定に関し、行政解釈は、「協定当事者として使用者側、第1組合及び第2組合の3者連名の協定であっても違法ではない」と解しているので（昭28.1.30　基収398、昭63.3.14　基発150・婦発47、平11.3.31　基発168）、この方法を時間外・休日労働協定以外の労使協定でも可能と解すれば、A、B両組合が労働者代表として合同で協定を締結することも可能となります。しかし、両組合はあくまで別個のものなので、この協定の法的性格は、「過半数労働者を代表する者」（過半数代表者）が締結したと解すべきものです（東京大学労働法研究会著『注釈労働時間法』［有斐閣］33ページ）。

② 二つの組合が合同で締結しないとき

　次に、A組合、B組合で合同することができなかったときは、前記の原則に従って、「当該事業場の労働者の過半数を代表する者」を選出する必要があります。

　詳しくはQ55のとおりですが、労使協定の締結等を行う者を選出することを明らかにして実施すること、その実施が投票、挙手等の民主的な手続きによる方法により選出することが必要です。

　実際上は、A組合、B組合がそれぞれ候補者を立てて非組合員の支持を取り付け、どちらかの候補者が過半数の信任を得て労働者代表に選出されることとなるでしょう。その結果、過半数の信任を得た労働者代表と企業が労使協定を締結すれば、労働者代表を選出できなかったほうの労働組合の組合員に対しても、その協定の効果は及びます。例えば、A組合とB組合が非組合員を巻き込んで労働者代表の選出合戦をし、A組合候補者の得票割合が54％、B組合候補者の得票割合が46％の結果、A組合の候補者が労働者代表となり、時間外・休日労働協定や賃金控除協定を締結した場合、その免罰的効果はB組合の労働者にも及ぶのです。

浅井 隆　弁護士（第一芙蓉法律事務所）

 **「過半数代表者」と結んだ労使協定は、少数組合にも適用されるか**

 適用される

1 労使協定の要件と効果

　労使協定とは、労基法、育児・介護休業法、高年齢者雇用安定法等によって、企業が一定の法定事項につき「当該事業場の労働者の過半数を組織する労働組合」、または、そのような労働組合がない場合には「当該事業場の労働者の過半数を代表する者」との書面による協定を締結した場合に、その協定の内容の限りで法の規制を解除する効果（免罰的効果）を与えるものです。

2 設問について

　労使協定の免罰的効果は、当該事業場の全体に及ぶので、当該事業場の少数組合員についてもその効果は及びます。ただ、労使協定に私法（私人間の権利義務など私的生活関係を規律する法。ここでは、企業と労働者の間を規律する法）上の効力はないので、少数組合員に対し、その効力（労働契約上の権利義務）を及ぼすためには、別途、少数組合との労働協約、あるいは就業規則、または個別の同意が必要となります（Q52参照）。

　以下はその典型例です。

■ 36協定（労基法36条）

　ある事業場で、A組合60％、B組合20％の場合、36協定はA組合と

のみ締結すれば、B組合の組合員に対しても、労基法32条の労働時間規制（1週40時間、1日8時間）が解除され、同36協定の定めのとおり、この労働時間規制を超えて労働（残業）させても、労基法32条違反を問われません（免罰的効果）。

しかし、36協定だけでは、B組合の組合員だけでなくA組合員に対しても、36協定に基づくいわゆる残業命令を発令することはできません。36協定は私法上の効力がないからです。

別に就業規則や個別の労働契約あるいはA組合、B組合との労働協約のいずれかで、会社が労働者に残業命令を発令する旨の定めがあってはじめて、命じられるのです。

2 賃金控除協定（労基法24条1項）

賃金は、全額払いの原則があり控除はできませんが、例外として労使協定があればこの原則（規制）が解除されます。したがって、積立金とか社内融資の天引き返済等は、この協定があってはじめて全額払いの原則が解除されます。

ある事業場で、唯一あるC組合が10％の組織率しかないとしたとき、C組合の委員長Dが過半数代表者に「立候補」し、60％の支持を得たとします。このDが、過半数代表者として、会社と積立金、社内融資の天引き返済を内容とする賃金控除協定を締結すれば、Dを支持しなかった残りの40％の労働者に対しても労基法24条1項の全額払いの原則の規制を解除する効力（免罰的効果）が生じます。

しかし、積立金や社内融資金を、Dを支持した60％だけでなく不支持の40％の労働者の給与からも天引き（控除）するには、積立金規程、社内融資規程、あるいはその内容の確認書等、私法上の効力を根拠付けるものが必要となります。

浅井 隆　弁護士（第一芙蓉法律事務所）

労使協定を結んだ過半数労組が過半数割れとなった場合、協定は無効か

「過半数」の要件は、当該労使協定締結時点にあれば足り、その後これを欠くに至っても無効とならない（存続要件ではない）

1 「過半数」の時期

　労使協定は、労働者側当事者を「当該事業場の労働者の過半数で組織する労働組合」、そのような組合がない場合には「当該事業場の労働者の過半数を代表する者」としますが、このような労働者の過半数とは、労使協定締結のときにあればよいのか、あるいはその後も必要となるのでしょうか。

　結論からいうと、「過半数」の要件は、当該労使協定締結時点にあれば足り、その後これを欠くに至っても無効となりません（存続要件ではありません）。なぜなら、当該事業場の労働者数は、事業の繁閑によって変動を伴うのが通常であり、このような場合に常に協定の効力が問題とされるのであれば、協定の安定性が阻害され、現実の業務運営の実態に沿わない結果となるからです（厚生労働省労働基準局編『平成22年版 労働基準法（上）』（労働法コンメンタール③）[労務行政] 483ページ、東京大学労働法研究会編『注釈労働基準法（上巻）』[有斐閣] 42ページ、東京大学労働法研究会著『注釈労働時間法』[有斐閣] 33 〜 34ページほか）。

　このような解釈は、その協定の期間の定めの有無によって別異にする理由はないので、期間の定めの有無にかかわらず、締結後にその締結した労働組合が過半数割れしても、締結し直す必要はありません。

第4章

労使協定

② 労使協定締結後に労働組合が過半数割れした場合の展開

労使協定を締結した労働組合が過半数割れをする一方で、別の労働組合が過半数を占める状況となったときは、すでにある労使協定が有効であるとしても、新たな過半数組合から当該労使協定の破棄を申し入れる等の新たな展開があり得ます。

■ 労使協定に期間の定めがある場合

期間の定めのある労使協定では、いくらその協定を締結した労働組合が過半数割れとなって別の労働組合が代わりに過半数を占めるに至っても、過半数組合が協定の破棄を申し入れたところで、当該労使協定は失効するものではありません。

❷ 労使協定に期間の定めがない場合

期間の定めがない労使協定では、正当な解約権者であれば、破棄（解約）できるようにも思えます。しかし、労使協定は、労使の利益を代弁する者の合意である点で労働協約に類似するので、労組法15条3項・4項を類推適用して90日前の予告が必要で、さらに変形労働時間制や計画年休等、一定期間継続が予定されている協定については当該予定していた期間満了時に終了と解するのが有力です（「新労働時間法のすべて」菅野和夫『ジュリスト』917号　43ページ）。

この場合の労働者側の解約権者は、その解約時点での労働者代表になるでしょう。したがって、新たな過半数組合が解約申し入れを行えば、当該労使協定は、90日後または当該予定していた期間満了時に終了します。

浅井 隆　弁護士（第一芙蓉法律事務所）

 **企業が合併した場合、労使協定の効力はどうなるか**

 合併前のそれぞれの会社にある労使協定が、その単位となる事業場に変更がない限り、存続する

1 合併の目的と法的性格

　合併は、企業規模の拡大や企業経営の効率化のために複数の企業を一つにする方法です。

　合併には、吸収合併と新設合併の2態様がありますが、いずれも法的効果は包括承継（権利義務の一切を承継すること）であって、合併前の権利義務は、吸収合併の場合には存続会社に、新設合併の場合には新設会社にそのまま承継されます。労働関係も例外ではなく、合併前の労働者・労働組合との労働関係（労働条件等）は、合併後の会社（存続会社、新設会社）にそのまま承継されます。

2 合併後の会社における労働関係

　例えば、A社をB社が吸収合併し、A社が存続会社、B社が消滅会社になるとします。A社、B社の賃金体系や労働時間・休暇・休日等の労働条件が当然のことながら異なっていたとします。

■ 合併後の会社における労働条件

　合併の効果は、包括承継ですから、A社、B社の各労働者との労働関係もそのまま存続会社（A社）に承継されます。具体的には、A社、B社の従前の労働協約や就業規則で規律された個々の労働契約（労働関係）

が承継され、現象的には、存続会社には、旧Ａ社、旧Ｂ社の異なる賃金体系や人事制度が並行して存続する形となります。

したがって、当然に存続会社の労働条件に統一されるものではなく、吸収合併前のそれぞれの労働条件が存続会社にも引き継がれます。

2 合併後の会社における労使協定

労使協定については、合併前のそれぞれの会社にある労使協定が、その単位となる事業場に変更がない限り、存続します。ただし、期間の定めのないものは、合併後の多数組合より解約される可能性はあります（Q59参照）。

あるいは、労使協定締結の単位となる事業場に変更がある場合、例えば、旧Ａ社の仙台支社と旧Ｂ社の仙台支社が旧Ｂ社の仙台支社に統合され一つの支社になれば、旧Ａ社の仙台支社を事業場としていた労使協定は、その単位となる事業がなくなり、失効すると解さざるを得ません。

さらには、36協定の延長時間に差異がありすぎる等、旧Ａ社、旧Ｂ社の労使協定の内容に差異があって合併後の会社が運用しにくければ、内容を共通にするために労使協定を締結し直す必要が生じるでしょう。

浅井 隆　弁護士（第一芙蓉法律事務所）

 **労使協定の自動更新条項は有効か。有効であればどのように結ぶか。自動更新の場合に更新の届け出は不要か**

 有効期間の定めが必要な労使協定において意味を持つが、期間満了時に申し出により当然終了するものなら有効。ただし、届け出義務がある場合は、届け出は必要である

1 自動更新条項と自動延長条項

労使協定には、有効期間の定めが必要なものがあります［図表4-3］。これらの労使協定においては、自動更新条項を定め、期間満了前に協定当事者の一方からの特段の申し出がない限り、同じ期間で更新される旨の定めを置くものが多いです。このような条項自体は、申し出により当然に終了するので、有効期間を定めなければならないとする法令を脱法するものではなく有効です。

〈自動更新条項の例〉

> 第○条　本労使協定の有効期間は、○○年○月○日から○○年○月○日までとする。
>
> 2　前項の期間満了の1カ月前までに協定当事者のいずれからも異議の申し出がない場合は、前項の期間満了の日から1年間、更新されるものとし、以降も同様とする。

なお、自動延長条項（次の労使協定の成立まで効力の延長を認めるもの）は、一方当事者が締結に反対する意思がある場合でも存続を認めることになりますので、労使協定の制度趣旨からして無効です。

図表4-3 ●労使協定の有効期間の定めの要否

法定事項（根拠）	有効期間の定めの要否
任意貯蓄金管理協定（労基法18条2項以下）	×
賃金控除協定（労基法24条1項但し書き）	×
1カ月以内単位の変形労働時間制（労基法32条の2）	○
フレックスタイム制（労基法32条の3）	×
1年以内単位の変形労働時間制（労基法32条の4）	○
1週間単位の非定型的変形労働時間制（労基法32条の5）	×
一斉休憩の原則の適用除外協定（労基法34条2項但し書き）	×
時間外・休日労働協定（労基法36条）	○
時間外割増賃金の代替休暇（労基法37条3項）	×
事業場外労働のみなし労働時間の協定（労基法38条の2第2項）	○
専門業務型裁量労働制（労基法38条の3）	○
年休の時間単位付与（労基法39条4項）	×
計画年休協定（労基法39条6項）	×
年休日の賃金を標準報酬日額とする協定（労基法39条7項）	×

② 更新の際の届け出義務

　自動更新条項があっても、更新の際の届け出義務を免れるものではありません。なぜなら、有効期間の定めのある労使協定は、更新ごとに独立であり、届け出義務も有効期間ごとに果たす必要があるからです。もっとも、時間外・休日労働協定の場合には簡便な方法が定められ、更新する旨の協定を所轄労働基準監督署長に届け出ることをもって足ります（労基則17条2項）。

浅井 隆　弁護士（第一芙蓉法律事務所）

Q062 労使協定はどこに届け出るのか。同じ内容であれば、全社一括の届け出が認められるか

A 届け出は、複数事業場を有する企業でも事業場ごとに行うのが原則。ただ、時間外・休日労働協定等については、一定の要件を満たせば、本社の所轄労働基準監督署長への一括届け出が認められる

1 原則は事業場ごとに行う

労使協定のうち、任意貯蓄金管理協定（労基法18条2項以下）、1カ月以内単位の変形労働時間制（32条の2）、1年以内単位の変形労働時間制（32条の4）、1週間単位の非定型的変形労働時間制（32条の5）、時間外・休日労働協定（36条）、事業場外労働のみなし労働時間の協定（38条の2第2項。ただし、みなし労働時間が法定労働時間以下であれば届け出不要）、専門業務型裁量労働制（38条の3）は、所轄労働基準監督署長への届け出が必要ですが、この「所轄」とは、各事業場の所轄ということです。

したがって、その届け出は、複数事業場を有する企業でも、事業場ごとに行うのが原則です。

2 例外として、本社の所轄労働基準監督署長への一括届け出が認められる場合がある

ただ、時間外・休日労働協定については、上記①で述べた従来の取り扱い（昭63.1.1 基発1・婦発1）に加えて、協定内容が同一（様式第9号の記載事項のうち、「事業の種類」「事業の名称」「事業の所在地（電話番号）」「労働者数」以外の事項が同一）のものは、本社の所轄労働基

図表4-4 ●労使協定の届け出の要否

法定事項（根拠）	届け出の要否	届け出は効力要件か
任意貯蓄金管理協定（労基法18条2項以下）	○	×
賃金控除協定（労基法24条1項但し書き）	×	×
1カ月以内単位の変形労働時間制（労基法32条の2）	○	×
フレックスタイム制（労基法32条の3）	×	×
1年以内単位の変形労働時間制（労基法32条の4）	○	×
1週間単位の非定型的変形労働時間制（労基法32条の5）	○	×
一斉休憩の原則の適用除外協定（労基法34条2項但し書き）	×	×
時間外・休日労働協定（労基法36条）	○	○
時間外割増賃金の代替休暇（労基法37条3項）	×	×
事業場外労働のみなし労働時間の協定（労基法38条の2第2項）	△［注］	×
専門業務型裁量労働制（労基法38条の3）	○	×
年休の時間単位付与（労基法39条4項）	×	×
計画年休協定（労基法39条6項）	×	×
年休日の賃金を標準報酬日額とする協定（労基法39条7項）	×	×

［注］「事業場外労働のみなし労働時間の協定」は、みなし労働時間が法定労働時間以下であれば不要。

準監督署長への一括届け出が認められます（平15.2.15　基発0215002）。

　また、任意貯蓄金管理協定も、本社の所轄労働基準監督署長に本社分と他のすべての事業場分の届け出書を提出したときは、所轄労働基準監督署長が法令・通達に適合するかの点検および措置をして本社分を受理し、他の事業場分を「確認済」と明示すれば、当該企業はこれを他の事業場の所轄労働基準監督署長に提出し、他の事業場の所轄労働基準監督署長は内容の確認を経ずに受理することとなります（昭52.1.7　基発4、平6.3.31　基発181、平7.7.17　基発460、平8.2.16　基発62、平9.1.27　基発45、平9.3.31　基発231、平9.12.24　基発773、平11.3.31　基発168、平12.12.14　基発743）。

浅井 隆　弁護士（第一芙蓉法律事務所）

労使協定の「周知」はどのように行う必要があるか。周知は効力要件か

A ①常時各作業場の見やすい場所へ掲示し、または備え付けること、②書面を労働者に交付すること、③磁気テープ、磁気ディスクその他これらに準ずる物に記録し、かつ、各作業場に労働者が当該記録の内容を常時確認できる機器を設置すること——のいずれかである。ただし、周知は労使協定の効力要件ではない

1 周知義務

　労基法は、法令、就業規則のみならず、労使協定、労使委員会の決議、さらには労使協定に代わる労働時間等設定改善委員会の決議につき、労働者への周知義務（労基法106条1項）を定めます。労使協定の周知は、強行法規の規制が解除される（免罰的効果）という重要性から、その内容を労働者に知らしめるためです。

　この周知とは、「労働者が必要なときに容易に確認できる状態にあること」（平11.3.31　基発169）をいいますが、労基則52条の2は、この周知の方法について、①常時各作業場の見やすい場所へ掲示し、または備え付けること、②書面を労働者に交付すること、③磁気テープ、磁気ディスクその他これらに準ずる物に記録し、かつ、各作業場に労働者が当該記録の内容を常時確認できる機器を設置すること——の三つを定めます（法令所定の周知方法）。

　これを受けて通達は、②について「『書面』には、印刷物及び複写した書面も含まれるものであること」とし、さらに③につき、「この方法によって周知を行う場合には、法令等の内容を磁気テープ、磁気ディスクその他これらに準ずる物に記録し、当該記録の内容を電子的データと

して取り出し常時確認できるよう、各作業場にパーソナルコンピューター等の機器を設置し、かつ、労働者に当該機器の操作の権限を与えるとともに、その操作の方法を労働者に周知させることにより、労働者が必要なときに容易に当該記録を確認できるようにすること」（平11.1.29基発45）としています。

なお、企業は、就業規則の変更等周知させるべき事項に変更があった場合も、当該変更後の内容を労働者に周知させなければなりません（前掲通達）。

② 周知は効力要件か

就業規則の場合、「周知」は効力要件である、とされています（労契法7条、フジ興産事件　最高裁二小　平15.10.10判決）。しかし、労使協定については、いずれの労使協定においても、周知は効力要件ではありません。

しかし、これを怠った場合には、罰則がありますし（労基法120条1号）、行政指導の対象にもなります。つまり、所管の労働基準監督署から是正勧告がされる、ということです。

浅井 隆　弁護士（第一芙蓉法律事務所）

労使協定を有効期間の途中で結び直すことができるか

A 期間の定めのある労使協定においては、有効期間中は一方的破棄はできないが、協定当事者が合意によって協定を結び直すことは可能である

1 労使協定における有効期間の定め

労使協定においては、有効期間を定める必要のあるものと不要なものがあります（Q61の［図表4-3］参照）。

有効期間の定めが必要とされる労使協定は、一定期間ごとに協定内容を見直すことが望ましいとの趣旨であり、他方、それが不要な労使協定は、相当程度恒常性を持つ制度、あるいは協定に基づく制度の枠内で状況の変化にある程度柔軟に対応し得るものと解されます（東京大学労働法研究会編『注釈労働基準法（上巻）』［有斐閣］51ページ）。

有効期間を定める必要のある労使協定では、"期間中であっても協定を破棄できる旨"の条項がなければ、その期間中に一方的破棄はできません。

また、有効期間の定めが不要な場合であっても、有効期間を定めることは可能であり、その定めをした場合は、やはり"期間中であっても協定を破棄できる旨"の条項がなければ、その期間中に一方的破棄はできません。

2 事情の変化に伴う有効期間中の一方的破棄は可能か

では、事情が著しく変化した場合にまで一方的破棄はできないでしょ

うか。

　期間の定めのある約束は一方的に破棄できないのが原則ですから、前記①のとおり、当該労使協定自体が破棄条項を設けていて、その条項所定の要件を満たさない限り、一方的な破棄は認めるべきではありません。ただ、労使協定締結当時には予測できなかったような状況の変化があり、協定内容を維持するのが客観的に見て協定当事者の利益に反する状況に至れば、このような状況の場合に限り、事情変更の原則を適用して破棄するのを認める余地はあります。

③　有効期間中に協定を締結し直すのは可能か

　有効期間中に一方的破棄はできない場合でも、協定当事者が合意によって協定を結び直すことは可能です。なぜなら、労使協定は、当該法定事項について、事業場の労使間で実情に即した協定の締結を要求するものであり、当該事業場の実情を最もよく知る協定当事者が協定を結び直す必要があると判断する以上、それを尊重するのが法の趣旨に合致するからです。

　この場合の労使協定当事者は、その締結し直す時点の労働者代表と使用者（企業）です。つまり、その時点で当該事業場の過半数の支持を得た者が、使用者（企業）と締結し直すものです。

浅井　隆　弁護士（第一芙蓉法律事務所）

労使委員会等の決議を労使協定に代えることができるか。この場合、届け出義務はどうなるのか

労使委員会等の決議を労使協定に代えることができる。届け出義務は、時間外・休日労働協定は免除されないが、その他は免除される

1 労使委員会の役割

労使委員会、すなわち労基法38条の4にある「賃金、労働時間その他の当該事業場における労働条件に関する事項を調査審議し、事業主に対し当該事項について意見を述べることを目的とする委員会」は、いわゆる企画業務型裁量労働制に関する決議を行うこと(同条1項)はもちろん、これに加えて一定の事項につき、その決議をもって労使協定(1カ月以内単位の変形労働時間制、フレックスタイム制、1年以内単位の変形労働時間制、1週間単位の非定型的変形労働時間制、一斉休憩の原則の適用除外協定、時間外・休日労働協定、時間外割増賃金の代替休暇、事業場外労働のみなし労働時間の協定、専門業務型裁量労働制、年休の時間単位付与、計画年休協定、年休日の賃金を標準報酬日額とする協定)に代えることができます(同条5項)。

この場合、労使協定について所轄労働基準監督署長への届け出義務のあるもの(1カ月以内単位の変形労働時間制、1年以内単位の変形労働時間制、1週間単位の非定型的変形労働時間制、時間外・休日労働協定、事業場外労働のみなし労働時間の協定、専門業務型裁量労働制)であっても、時間外・休日労働協定(様式第9号の3、労基則17条)を除き、その届け出が免除されています。

② 労働時間等設定改善委員会

　労働時間設定法は、我が国の労働時間等の現状および動向に鑑み、事業主等に労働時間等の設定の改善に向けた自主的努力の促進を求め（1条）、これを受けて、事業主は、労働時間等設定改善委員会の設置等、労働時間等の設定の改善の実施体制の整備に努める義務があります（6条）。

　この委員会のうち、事業場ごとの委員会で一定の要件を充足するものについては、その5分の4以上の多数で決議された場合は労使協定（1カ月以内単位の変形労働時間制、フレックスタイム制、1年以内単位の変形労働時間制、1週間単位の非定型的変形労働時間制、一斉休憩の原則の適用除外協定、時間外・休日労働協定、時間外割増賃金の代替休暇、事業場外労働のみなし労働時間の協定、専門業務型裁量労働制、年休の時間単位付与、計画年休協定）に代わるものとしての効力を認めています（7条1項）。

　ただし、時間外・休日労働協定の届け出義務について規定する労基則17条1項は、時間外・休日労働協定の様式第9号に代える場合であっても、「労働時間等設定改善委員会の決議を届け出る場合にあつては様式第9号の4」によるものとして、届け出義務は免除していません。これに対し、他の労使協定（1カ月以内単位の変形労働時間制、1年以内単位の変形労働時間制、1週間単位の非定型的変形労働時間制、事業場外労働のみなし労働時間の協定、専門業務型裁量労働制）に代わるものとしての労働時間等設定改善委員会の決議には、所轄労働基準監督署長への届け出は免除されています。

浅井　隆　弁護士（第一芙蓉法律事務所）

労働組合の36協定（時間外・休日労働協定）等の更新拒否は組合の団体行動としてどのような意味をもつか

A 過半数組合の労使協定の更新拒否により、企業は当該事業場の労働者に対し免罰的効果を及ぼし得なくなるので、労基法上の規制がそのまま適用されることになる

① 労使協定の労働者代表としての労働組合の要件

労使協定の労働者側当事者である「労働者の過半数を組織する労働組合」とは、当該事業場を単位に組織された労働組合（事業所別組合）や当該事業場の支部組織である必要はなく、企業全体（複数事業場）を単位とする企業別労働組合や企業外の単一組合（例えば地域の産業別ないし一般労組）でもよいですが、いずれにしても、事業場の全労働者の過半数を組織しているものでなければなりません。

② 過半数組合の36協定更新拒否の意味

当該労働組合がこれに該当する場合、組合の団体行動として、当該労働組合から労使協定の更新が拒否されれば、それ以降は労使協定を締結できないことになります。したがって、前の労使協定の有効期間満了後は労使協定不存在の状態となり、その結果、企業は非組合員に対しても免罰的効果を及ぼすことはできません。

よく問題となるケースは、時間外・休日労働協定（36協定）の更新（締結）拒否のケースですが、これにより、企業は時間外労働を命じることができなくなります。

　一般の企業においては、労使協定の更新拒否が実質ストライキ権の行使となるか否かは大きな問題ではありません。いずれであっても、企業は組合員に対し、時間外・休日労働をさせられないことに変わりはないからです。

　加えて、非組合員に対しても、労使協定がない結果、免罰的効果を及ぼし得ないことから、やはり時間外・休日労働をさせられないことに変わりはありません。例えば、非組合員から、個別の同意を得た上で時間外労働をしてもらっても、労基法32条違反になります。

浅井 隆　弁護士（第一芙蓉法律事務所）

Q067　賃金の銀行口座払いを労使協定した場合、反対する者にも効力が及ぶか

A　労使協定が締結されても、反対者に対しては現金払いをしなければならない

1 賃金の口座払いの要件

　賃金の口座払いについて、労基則7条の2は、「使用者は、労働者の同意を得た場合には、賃金の支払について〈中略〉当該労働者が指定する銀行その他の金融機関に対する当該労働者の預金又は貯金への振込み」（同条1号）によることができると規定しています。

　この同意については、「労働者の意思に基づくものである限り、その

形式は問わないもの」であり、指定とは、「労働者が賃金の振込み対象として銀行その他の金融機関に対する当該労働者本人名義の預貯金口座を指定するとの意味であって、この指定が行われれば同項の同意が特段の事情のない限り得られているものであること」、また、振り込みとは、「振り込まれた賃金の全額が所定の賃金支払日に払い出し得るように行われることを要する」とされています（昭63.1.1　基発1・婦発1）。

労使協定の締結は口座払いの要件ではなく、労使協定がなくても、同意のあった者について口座払いは実施できます。

② 労使協定の位置付け

厚生労働省では、口座振り込みを円滑に行うため、指導基準を示し、その中の一つとして「口座振込み等を行う事業場に労働者の過半数で組織する労働組合がある場合においてはその労働組合と、労働者の過半数で組織する労働組合がない場合においては労働者の過半数を代表する者と、次に掲げる事項を記載した書面による協定を締結すること。①口座振込み等の対象となる労働者の範囲、②口座振込み等の対象となる賃金の範囲及びその金額、③取扱金融機関及び取扱金融商品取引業者の範囲、④口座振込み等の実施開始時期」（平10.9.10　基発530、平13.2.2　基発54、平19.9.30　基発0930001）としています。

これは、労使協定の締結という措置により労働者の自由意思を担保しようというものです。したがって、労使協定が締結されれば、個々の意思にかかわりなく、口座振り込みが実施できるものではありません。

③ 設問の回答

労使協定が締結されても、反対者を拘束することはできないので、反対者に対しては、原則に戻って現金払いをしなければなりません（労基

法24条1項本文)。反対者に対しては、労使協定を理由として口座振り込みを実施することができないので、反対の理由（例えば、現金化の不便を解消するなど）についてよく話し合い、同意を得るようにすべきです。

浅井 隆　弁護士（第一芙蓉法律事務所）

 **年休の計画的付与を労使協定したが、業務の都合で計画年休日を変更したい。どうすればよいか**

 協定の中に盛り込んであれば、これによる変更は可能。盛り込まれていないときは、別途、計画年休協定を締結し直すほかない

1　年休の計画的付与の要件

　年次有給休暇は、原則として労働者の請求する時季に与えなければなりませんが、労使協定により年休を与える時季に関する定めをしたときは、その定めにより計画的付与をすることができます(労基法39条6項)。

　計画的付与の対象にできるのは、各人への年休付与日数のうち5日を超える部分です（同項）。

　計画的付与に当たっては労使協定が必要であり、この協定は36協定(時間外・休日労働協定)と同様、過半数労働組合、過半数労働組合がないときは過半数代表者との書面による協定とされ、事業場全体の休業による一斉付与の場合は、具体的な年休の付与日を定めることが必要です(昭63.1.1　基発1・婦発1)。

② 年休の計画的付与の効果

　計画的付与される年休は、労使協定に定めるところにより付与され、労働者の時季指定権も使用者の時季変更権も行使できません（昭63.3.14基発150・婦発47、平22.5.18　基発0518第1）。つまり、労使協定により計画的付与されることになった年休は、労働者がその年休を別の日に取得することを申し出ても、使用者はそれを拒否することができ、労使協定に定めた計画どおりに付与すればよいことになります。また、使用者の時季変更権も行使する余地がないので、使用者としても、労使協定に定められた計画年休日を任意に変更することはできません。

　したがって、計画年休日に業務上の必要性が生じたとしても、使用者は時季変更権を行使してその計画年休日を変更することはできません。

③ どうしても業務の都合で計画年休日を変更したい場合

　時季変更権ではなく、労使協定上の変更、つまり、業務の都合でやむを得ない場合に限って計画年休日を変更する場合があることをあらかじめ協定の中に盛り込んであれば、これによる変更は可能となります。

　計画年休日を変更できる旨が労使協定に盛り込まれていない場合は、年休の計画的付与が労使協定によって認められるものである以上、どうしても変更しなければならないのであれば、労使の合意によりその協定を解約し、別途、計画年休協定を締結することで計画年休日の変更が可能となります。

　これに対し、労働者側の同意が得られず、計画年休協定の解約、新計画的付与協定の締結ができないときは、計画年休日の変更はできません。

浅井 隆　弁護士（第一芙蓉法律事務所）

第5章
労働組合

Q069 労働組合といえるためにはどのような要件が必要か

A 労組法2条の要件を満たすことが必要

1 労組法における労働組合

　労組法は、「労働者が主体となつて自主的に労働条件の維持改善その他経済的地位の向上を図ることを主たる目的として組織する団体又はその連合団体」を労働組合と定義しています（同法2条本文）。

　ただし、上記には該当する労働組合であっても、労組法上の手続きに参加する資格を有し、また同法による救済を受けるためには、以下のいずれにも該当しないことが必要です（同条但し書き）。

①監督的地位にある労働者その他使用者の利益を代表する者の参加を許すもの（同条1号）

②団体の運営のための経費の支出につき使用者の経理上の援助を受けるもの（同条2号）

③共済事業その他福利事業のみを目的とするもの（同条3号）

④主として政治運動または社会運動を目的とするもの（同条4号）

　なお、上記のいずれかに該当する場合であっても、労組法上の手続きへの参加資格や救済を得られないだけであり、労働組合としての基本的な要件（2条本文）を満たす限り、憲法上の労働組合としての権利（28条の団結権、団体交渉権、団体行動権）を有し、その効果として刑事免責、民事免責、不利益取り扱いの民事訴訟による救済を受けることはできます。

② 労働組合の構成主体

前記のとおり、労働組合とは労働者を構成主体とするものでなければなりません。労組法上、「労働者」は「職業の種類を問わず、賃金、給料その他これに準ずる収入によつて生活する者」です（同法3条）。したがって、正社員だけではなく、パートタイマー、派遣社員なども「労働者」として労働組合の構成主体となり得ます。

③ 労働組合の自主性

労働組合であるためには、労働者が「自主的に組織」する団体でなければなりません。つまり、使用者からの支配を受けず、独自に組合役員の選出が行われ、活動している必要があります。さらに、「自主性」に関連しては、使用者の利益代表者が参加していないことや、使用者から経費援助を受けないことを要します。例えば、取締役や人事権を有する上級管理者が参加する団体は、自主性が認められず労働組合といえません。また、組合専従者の賃金を負担することは「経費援助」に該当します。

④ 労働組合の目的

労組法上の労働組合の目的は、労働条件の維持改善その他の経済的地位の向上を図ることです。したがって、もっぱら労働者間の共済を目的とする互助会的なものや、政治活動・社会運動を目的とするものは、労働組合に該当しません。ただし、労働条件の維持改善等を主たる目的としつつ、付随的に共済事業や政治運動、社会運動を目的とすることは可能です。

5 労働組合の団体性

「団体」とされるためには、複数人が集まり、規約を有し、その運営のための組織を有していることが必要です。つまり、2人以上の構成員を擁し（ただし、運営の過程で構成員が1人となってしまっても、その後増加する一般的な可能性があれば団体性を失わない）、規約を備え（労組法5条には、規約への必要的記載事項が定められている）、運営のための組織として役員・財政などを有していることが必要です。

高谷知佐子　弁護士（森・濱田松本法律事務所）

Q070 労使協定とは何か

A 事業場の労働者の過半数を代表する者との書面の協定であり、労基法その他の法律により一定の効果が定められているもの

1 労使協定

労使協定とは、事業場の労働者の過半数で組織する労働組合、またはそのような組合がない場合には、事業場の労働者の過半数を代表する者と使用者との間に締結される書面による協定であり、これが締結されることにより労基法等に定める一定の効果が生ずるものをいいます［図表5-1］。例えば、時間外・休日労働を行う際に締結が必要となる協定（36協定）（労基法36条1項）や、賃金の一部を控除して支払う場合の協定（同法24条1項）などです。

■労使協定

事業場の労働者の過半数で組織する労働組合、またはそのような組合がない場合は事業場の労働者の過半数を代表する者と使用者との間に締結される書面にによる協定。これが締結されることにより労基法等に定める一定の効果が生ずる（必ず法的効果が伴う）。

> **例** 時間外・休日労働協定（36協定）（労基法36条1項）、賃金の一部を控除して支払う場合の協定（同法24条1項）

■労働協約

使用者と労働組合との間で締結される労働条件その他に関する協定であり、書面により作成され、両当事者が署名または記名押印したものであることを要する（労組法14条）。

> **特徴** 労働組合（少数組合でも可）と使用者との間の協定である点が労使協定とは異なる。また、「労働条件その他」に関する協定であって、その対象は広範で、法的効果を伴わない場合もある。

② 労働協約との違い

労働協約とは、使用者と労働組合との間で締結される労働条件その他に関する協定であり、書面により作成され、両当事者が署名または記名押印したものであることを要します（労組法14条）。「労使協定」が従業員代表者との協定を意味する（したがって、締結当事者は過半数を組織する労働組合であるか、労働者の過半数の支持を得た代表者でなければならない）のに対し、「労働協約」は労働組合（したがって、少数組合でもよい）と使用者との間の協定である点が異なっています。また、労働協約は、「労働条件その他」に関する協定であって、協定の対象は広範ですが、労使協定は法律上労使協定の締結を要件とする場合に締結

されるものであって、締結の対象となる事項は法定されています。なお、労働協約であっても締結により一定の法的効果が伴いますが、労使協定の場合にはその性質上必ず一定の法的効果が伴います。

高谷知佐子　弁護士（森・濱田松本法律事務所）

 **ユニオン・ショップ協定は組合員でない労働者にどのように適用されるか**

 組合員でない労働者にも原則として適用されるが、労働者が別組合の組合員である場合にはこの限りではない

① ユニオン・ショップ協定とは

　ユニオン・ショップ協定（以下、ユシ協定）は、労働協約で「協定当事者である労働組合に入っていない労働者を雇用しないかまたは解雇すること」を使用者に約束させたものです。ユシ協定が締結されると、使用者は、雇用する労働者のうち「当該労働組合に加入しない者」や「当該組合の組合員ではなくなった者」を原則として解雇する義務を負います。

　ユシ協定は、労働者の組合に入らない自由や組合選択の自由、雇用の安定という要請と抵触しますが、労働組合の団結権の強化という目的から、その有効性については認められてきました。ただし、ユシ協定を締結できる労働組合は、当該事業場の同種の労働者の過半数を組織していなければならず（労組法7条1号但し書き）、労働組合の組織率が何らかの理由で過半数を下回った場合には、ユシ協定の効力は失われます。

労働組合がある企業のうち、ユシ協定を締結している割合は比較的高く、厚生労働省による「平成25年労働組合活動等に関する実態調査の概況」によれば、個別労働組合の66.1％の企業が労働協約においてユシ協定を締結していると回答しています。

② ユニオン・ショップ協定の適用範囲

　ユシ協定の適用範囲については、まず当該労働組合との協定により、そもそも組合員としての資格を有しない労働者（管理職層など）は適用範囲外となります。

　また、ユシ協定の締結当時に別の組合が存在する場合には、当該別組合の組合員にはユシ協定は及びません。これは、当該別組合の団結権を保護する必要があるからです。

　問題は、ユシ協定締結後に当該ユシ協定締結労働組合から脱退した労働者や組合から除名された労働者が他の組合に加入した場合です。このような脱退者・除名者については、ユシ協定を締結した趣旨（労働組合の団結権の強化）の観点からは、ユシ協定の効力が及び、使用者は解雇しなければならないという見解もあります。しかし、脱退者・除名者が別組合に加入した場合（別組合を組織した場合も含む）には、当該別組合の団結権も同じように保障する必要があるといえます。したがって、ユシ協定に基づき労働組合が使用者に対して、脱退者・除名者を解雇するよう請求した時点で当該脱退者・除名者が別組合に加入していた場合には、当該脱退者・除名者についてユシ協定の効力は及ばないといえます。

　　　　　　　　　　　　高谷知佐子　弁護士（森・濱田松本法律事務所）

 **労働協約の一般的拘束力**

A 事業場の４分の３以上を組織する労働組合が締結した労働協約は、他の労働者にも適用され、これを労働協約の「一般的拘束力」という

① 労働協約の一般的拘束力

　労組法17条は、「一の工場事業場に常時使用される同種の労働者の４分の3以上の数の労働者が一の労働協約の適用を受けるに至つたときは、当該工場事業場に使用される他の同種の労働者に関しても、当該労働協約が適用されるものとする」と規定し、事業場単位の一般的拘束力を定めています。なお、労組法は地域的な一般的拘束力についても18条で定めていますが、企業別組合が多数を占める日本において適用例は極めて少ないです。

② 一般的拘束力の要件

　一般的拘束力の要件は、労組法17条にあるとおり、「一の工場事業場に常時使用される同種の労働者の４分の3以上の数の労働者が一の労働協約の適用を受けるに至つたとき」です。

 一の工場事業場

　一の工場事業場とは、一つの事業場です。したがって、ある企業において全従業員の４分の３以上を組織している労働組合があったとしても、一部の事業場における組織率が4分の3を下回っている場合には、当該事業場においては労組法17条の要件を満たしません。

2 常時使用される同種の労働者

　常時使用される労働者には、正社員だけではなく、期間の定めのある社員であっても契約が反復更新されて実質上常時使用されているとみなされる者も含まれます。

　同種の労働者は、協約の適用対象者を基準として決められます。パートタイマーや契約社員などについては、職務内容、勤務形態などに照らし、正社員と大きく異なるような場合には「同種の労働者」とはいえません。逆に正社員と職務内容や処遇についてほぼ変わらない契約社員などについては、「同種の労働者」に含まれます。

3 一般的拘束力の内容

　一般的拘束力が認められると、労働協約を締結している労働組合の組合員でない同種の労働者に対しても、当該労働協約が適用されます。ただし、適用されるのは労働協約の規範的部分（規範的部分の内容についてはQ73参照）に限られます。

③ 少数組合が存在する場合の一般的拘束力

　少数組合がある場合に、当該少数組合の組合員にも一般的拘束力が及ぶかについては、判例上も否定・肯定説があります。肯定説は、一般的拘束力を認めることは、交渉力に劣る少数組合の保護に資するなどを理由とします。

　しかし、少数組合にも労働協約を締結する権限があり、少数組合の組合員にもその意思にかかわりなく多数組合が締結した労働協約の一般的拘束力が及ぶとした場合には、少数組合の団体交渉権に抵触することとなります。

　使用者や少数組合は、同内容の労働協約の締結を望むのであれば、その締結について協議すべきですし、4分の3以上を組織する労働組合が締結したのと同内容の労働協約の締結を会社が拒否する場合には、不当

労働行為として救済手続きにより救済を求めればよいといえます。したがって、少数組合の組合員には一般的拘束力は及ばないと解されます。

高谷知佐子　弁護士（森・濱田松本法律事務所）

 **労働協約の規範的効力**

A 規範的効力とは労働条件や労働者の待遇に関する基準であり、これに違反する労働契約は無効となる

 労働協約の規範的効力

労働協約のうち、「労働条件その他の労働者の待遇に関する基準」については規範的効力（労組法16条）が与えられており、この基準に違反する労働契約の部分は無効となり、労働協約の定めが優先して適用されることとなります。

労働協約上の「労働者の待遇に関する基準」を定めた規定が労働者に不利な内容の場合でも、一般的には規範的効力を有し、個々の労働者（組合員）の賛成・反対にかかわらず、労働協約の内容が適用されることになります。

ただし、労働協約締結の経緯や会社の経営状況、協約の全体の合理性に照らし、一部の組合員にことさらに不利益を負わせるような内容であって、かつ労働組合の目的を逸脱して締結された労働協約については、規範的効力が否定される場合もあり得ます。また、労働組合内部における意見集約や調整のプロセスが公正さを欠いていたり、労働協約締結の

ための手続きを怠っていたりするような場合についても、規範的効力は生じないと解されます。

 規範的部分の範囲

「労働条件その他の労働者の待遇」とは、賃金、労働時間、休日、休暇、安全衛生、職場環境、災害補償、服務規律、懲戒、人事、休職、解雇、定年制、教育訓練、福利厚生など広く労働者の労働条件に該当するものが含まれます。

また、基準とは、上記の労働条件・待遇に関する具体的な基準であり、抽象的な努力義務は、規範的効力を有する基準に該当しません。例えば、定年後再雇用に際して労使間で定めた基準は規範的効力を有しますが、「労働条件の向上を目指す」といった抽象的なものは規範的効力を有しません。

 違反の効果

規範的部分について使用者が違反した場合、通常、組合員である労働者は直接使用者に対して規範的部分に関する履行の請求をすることができます。例えば、労働者は労働協約に定めのある賃金について、これが支払われなければ賃金の支払い請求をすることができます。

このように、規範的部分については個々の組合員が自分の権利を行使すれば足りることから、労働組合が使用者に対し規範的部分を「履行請求」することは、訴えの利益がないとされています。

髙谷知佐子　弁護士（森・濱田松本法律事務所）

 **労働協約の債務的効力**

A 債務的効力とは規範的部分に属さない部分をいい、もっぱら使用者と労働組合の間の関係やルールについて問題となる

1 労働協約の債務的効力

　労働協約は当事者間の契約であるので、使用者・労働組合は労働協約の内容を遵守する義務を負っています。このような労働協約の契約としての効力を債務的効力といい、労働協約全体について生じます。

　なお、Q73のように、労働協約のうち「労働条件その他の労働者の待遇に関する基準」については規範的効力が生じるので、債務的効力が問題になるのは、もっぱら規範的効力が生じない、労使間のルールとなります。

　債務的効力の内容としては、まず当事者は労働協約の規定を遵守し履行する義務を負い、一方の当事者が規定に違反した場合には、他方の当事者は不履行を理由とする損害賠償を求めることができます。

2 債務的効力が問題となるもの

　債務的効力が問題となるものとしては、労働協約に記載される事項のうち、①非組合員の範囲、②ユニオン・ショップ、③組合活動に関する便宜供与・ルール、④団体交渉の手続き・ルール、⑤労使協議制（労使協議会の設置など）、⑥争議行為の制限（平和条項など）、⑦争議行為中のルール（保安協定など）、⑧人事に関する事前協議など、⑨苦情処理

図表5-2 ●労働協約に定められる主な事項

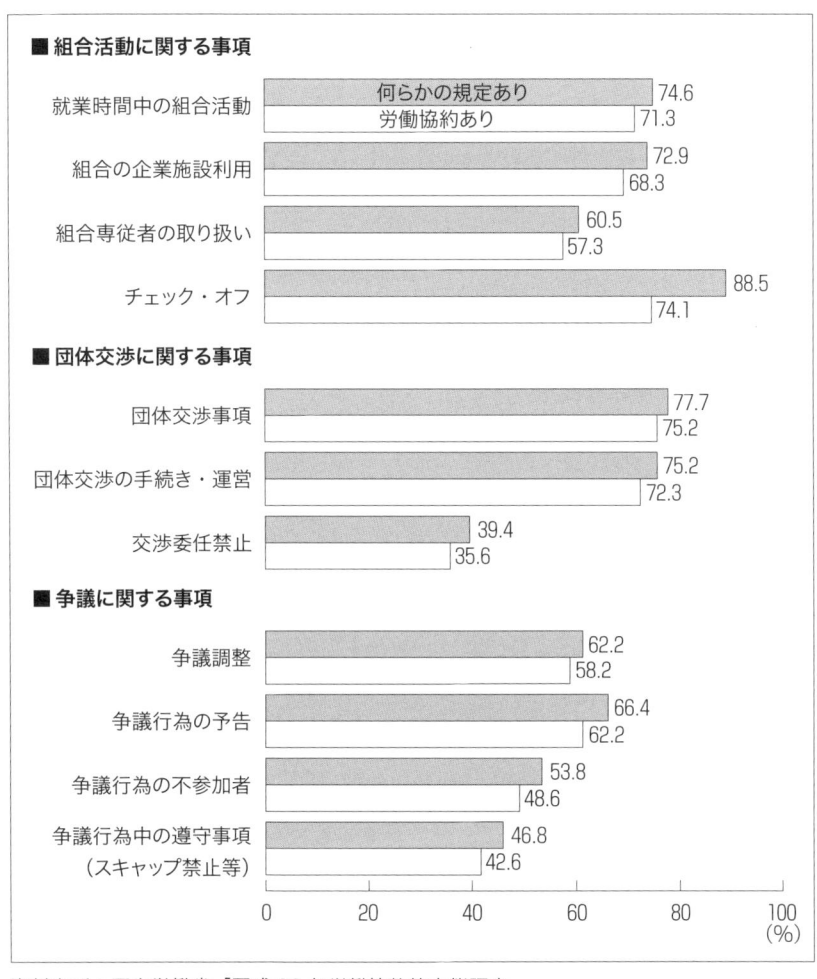

■ **組合活動に関する事項**

就業時間中の組合活動
- 何らかの規定あり 74.6
- 労働協約あり 71.3

組合の企業施設利用
- 72.9
- 68.3

組合専従者の取り扱い
- 60.5
- 57.3

チェック・オフ
- 88.5
- 74.1

■ **団体交渉に関する事項**

団体交渉事項
- 77.7
- 75.2

団体交渉の手続き・運営
- 75.2
- 72.3

交渉委任禁止
- 39.4
- 35.6

■ **争議に関する事項**

争議調整
- 62.2
- 58.2

争議行為の予告
- 66.4
- 62.2

争議行為の不参加者
- 53.8
- 48.6

争議行為中の遵守事項（スキャップ禁止等）
- 46.8
- 42.6

（0　20　40　60　80　100 (%)）

資料出所：厚生労働省「平成 23 年労働協約等実態調査」

手続きといった、使用者と労働組合との間の関係やルールに関するもの——です ［図表5-2］。

髙谷知佐子　弁護士（森・濱田松本法律事務所）

労組法7条の不当労働行為の種類

A 不当労働行為には、①不利益取り扱い、②団体交渉拒否、③支配介入の三つがある

1 不当労働行為とは

労組法は、労働組合や労働者に対する使用者の一定の行為を「不当労働行為」として禁止し（同法7条）、これに違反した場合について、労働委員会による救済手続きを定めています（同法27条〜）。

不当労働行為の類型には、不利益取り扱い（労組法7条1号）、団体交渉拒否（同条2号）、および支配介入（同条3号）があり、不利益取り扱いの中に黄犬契約の締結の禁止、支配介入の中に経費援助の禁止という特別の類型があります。また、報復的不利益取り扱いの禁止は、労働委員会に対して不当労働行為救済の申し立てをしたこと等を理由とする不利益な取り扱いを禁止しています（同条4号）。

2 不利益取り扱い

不利益取り扱いとは、労働者が①労働組合の組合員であること、②労働組合に加入しようとしたこと、③労働組合を結成しようとしたこと、④労働組合の正当な行為をしたこと——を理由として、使用者が「その労働者を解雇し、その他これに対して不利益な取扱いをすること」です（労組法7条1号）。不利益取り扱いの内容としては、解雇、退職の強要、本採用の拒否、懲戒処分など従業員の地位の得喪に関するもの、配転、

出向、昇進・昇格など人事上の取り扱いに関するもの、基本給、諸手当、一時金、退職金など経済的待遇に関する不利益な取り扱いがあります。

　黄犬契約とは、「労働者が労働組合に加入せず、若しくは労働組合から脱退することを雇用条件とすること」（労組法7条1号）であり、それ自体により不当労働行為が成立します。

③ 団体交渉拒否

　団体交渉拒否の成立要件は、「使用者が雇用する労働者の代表者と団体交渉をすることを正当な理由がなくて拒むこと」（労組法7条2号）であり、団体交渉を当初から理由なく拒否するだけではなく、途中で団体交渉を拒否することや、不誠実な態度で団交に応じること（例えば、形では団体交渉に応じているが、交渉担当者に決定権限がまったくない場合、労働組合側の提案を検討もせずすべて拒否する場合など）も含まれます。したがって、使用者は労働組合から団体交渉の申し入れを受けた場合には、原則としてこれを拒絶することができません。

　団体交渉拒否の正当事由となり得るものとしては、①そもそも「使用者」ではない場合（親会社や派遣先会社であるなど。ただし、場合によっては使用者に該当すると判断されることもある）、②使用者または労働組合側に体制が整っていないのに統一交渉、共同交渉、集団交渉などが要求された場合、③単位組合の団体交渉権と上部団体の団体交渉権との調整がなされておらず二重交渉のおそれがある場合、④義務的団体交渉事項ではない事項についての団体交渉の申し入れがされた場合、⑤団体交渉の日時、場所、時間、人数等の交渉ルールに関する正当な理由がある場合等に限られます。

④ 支配介入および経費援助

　支配介入や経費援助は、労働組合の自主性を損ない労働組合を弱体化させる行為として禁止されています（労組法7条3号）。支配介入の態様には、以下のようなさまざまなものがあり得ます。

①労働組合役員の配転、組合員に対する脱退の勧誘など

②使用者の意見の表明

③施設利用の拒否・制限

④少数組合に対する差別的取り扱い

　上記のうち、使用者の意見の表明については、憲法21条1項の表現の自由と憲法28条の労働者の団結権とが抵触する場面です。使用者の発言の内容やそれがなされた状況、組合の運営や活動に与えた影響、推認される使用者の意図などを総合して支配介入の成否が具体的に判断されるものと解されます（菅野和夫『労働法 第11版補正版』[弘文堂]979ページ）。例えば、社長が従業員およびその父兄に対し、労働組合の行動を非難するとともに人員整理に関する不利益を暗示する演説をしたケースでは、支配介入が認められました（山岡内燃機事件　最高裁二小　昭29.5.28判決）。

　また、「労働組合の運営のための経費の支払につき経理上の援助を与えること」は経費援助として不当労働行為に該当します。ただし、「労働者が労働時間中に時間又は賃金を失うことなく使用者と協議し、又は交渉すること」や、労働組合の厚生資金または福利基金に対する使用者の寄付、最小限の広さの事務所の供与は経費援助から除外されています（労組法7条3号）。一方、組合専従者の給与の負担や組合出張費用の負担などは、経費援助に該当するといえます。

5 その他の具体的ケース

　不当労働行為は前記の3類型を基本としますが、いくつかの類型が重複するケースも多々存在します。

1 残業差別

　残業命令は使用者の業務命令権に属するものであり、残業を命ずるか否かの裁量は使用者が有します。しかし、残業は一方で労働者の収入の重要な一部を占めていることも多く、労働組合の組合員に対してのみ残業を命じないことは、不利益取り扱い（労組法7条1号）であるとともに、組合活動に対する支配介入（同条3号）であるといえます。残業差別は組合員と非組合員との間のほか、複数組合が併存している場合には組合間の対応においても認められる場合があります。

2 争議行為の際の賃金カット

　争議行為に対する賃金カットは、ストライキや怠業時間に相当する賃金のカットであれば適法ですが、こうした時間を超えたカットは違法なものとなり、不利益取り扱いであると同時に、使用者に労働組合の弱体化の意図が認められる場合には、支配介入にも該当します。

3 企業の解散に伴う全員解雇と不当労働行為

　使用者が企業の解散を決定することは、憲法上の経済活動の自由の一環として認められており、当該行為そのものが直ちに不当労働行為に該当するわけではありません。しかし、かかる解散が組合活動を嫌悪したことを理由とする場合やその壊滅を意図した場合で、企業解散後に同種の別会社を設立するなどして組合員の排除を試みているような場合には、かかる企業の解散に伴う解雇は不当労働行為となり得ます。

髙谷知佐子　弁護士（森・濱田松本法律事務所）

Q076 不当労働行為の救済手続き、労働委員会の役割

A 労働組合は、労働委員会に不当労働行為の救済を申し立てることができ、労働委員会は各種の救済命令を発することができる

1 不当労働行為の救済命令

　使用者の不当労働行為が認められる場合、労働組合または労働者は労働委員会に不当労働行為の救済を申し立てることができます。

　申し立てがされると、労働委員会は調査・審問を行い、使用者の行為が不当労働行為に当たると判断したときは救済命令を、不当労働行為でないと判断したときは棄却命令を発します。なお、上記の不当労働行為救済手続きによる救済を受けるためには、労働組合は労働委員会に申請して、当該労働組合が労組法2条および5条2項の要件を満たしている旨の認定を受ける必要があります。

2 労働委員会

　労働委員会は、労組法によって設立された、労働組合のかかわる集団的労使紛争を取り扱う行政機関であり、都道府県に設置された地方労働委員会と、国の中央労働委員会（以下、中労委）とがあります。労働委員会の委員は、公益委員、労働者委員、使用者委員の三者から構成され、その他に事務局があります。労働委員会の権限としては、不当労働行為の救済（労組法27条）、労働争議の調整（斡旋、調停および仲裁）（労働関係調整法）が主なものですが、ほかに、労働組合の資格審査（労組

法5条）、労働組合の法人格取得の証明（同法11条）、地域単位における労働協約の拡張適用の申し立て（同法18条）などがあります。

③ 救済命令の内容

　上記のとおり、労働委員会は、申し立て事実の全部または一部について理由があると認めたときは、救済命令を発することになります。救済命令の内容は、救済申し立ての内容により異なってきます。「不利益取り扱い」については、原職復帰（不利益取り扱いの前の地位への復帰）とバックペイが命じられます。「団体交渉拒否」については、団体交渉を拒否してはならないとの命令、または団体交渉をせよとの命令がなされます。「支配介入」については、支配介入行為の禁止と、今後同様の行為を行わない旨の文書の掲示（ポスト・ノーティス）が命じられることが多いです。

④ 救済命令の効力

　救済命令は、命令の交付日から効力を生じます（労組法27条の12第4項）。使用者は救済命令の履行義務を負い、不履行に対しては命令違反として罰則の適用を受け得ます。なお、労働委員会の命令に不服がある場合、使用者は中労委に対して15日以内に再審査の申し立てをすることができ（同法27条の15第1項）、再審査の申し立てをしないときは裁判所に対して30日以内に取消訴訟をすることができます（同法27条の19第1項）。

髙谷知佐子　弁護士（森・濱田松本法律事務所）

使用者の団体交渉応諾義務とは

A 使用者は団体交渉を正当な理由なく拒否できず、団体交渉の拒否は不当労働行為となる

1 団体交渉応諾義務

労組法7条2号は、「使用者が雇用する労働者の代表者と団体交渉をすることを正当な理由がなくて拒むこと」を不当労働行為としています。つまり、使用者は労働組合から団体交渉の申し入れを受けた場合には、「正当な理由」がなければこれを拒絶できません。

また、団体交渉を実効性あるものとする観点から、使用者には誠実に交渉を行うことも求められており、誠実な交渉を行わないことは団体交渉拒否と同視され、やはり不当労働行為となります。

2 団体交渉事項

団体交渉の対象事項については、使用者が任意にこれに応ずる限り、いかなる事項についても団体交渉の対象事項となり得ます。

ただし、労働組合から団体交渉を申し入れられた事項が、すべて使用者に義務付けられる団体交渉事項となるわけではありません。逆にいうと、義務的な団体交渉事項とならない事項について労働組合から団体交渉の申し入れを受けても、使用者はこれを拒絶でき、かかる拒絶は不当労働行為にはなりません。

③ 労働条件その他の待遇

　義務的団体交渉事項に該当するものとしては、まず労働者（組合員）の労働条件その他の待遇が挙げられます。賃金、労働時間、休日、安全衛生等がこれに該当します。なお、組合員ではない労働者の労働条件等については、原則として義務的団体交渉事項には該当せず、これらの非組合員の労働条件が組合員の労働条件に影響を与える範囲において、義務的団体交渉事項となるにすぎません。

　また、組合員の人事異動や懲戒に関する事項は、労働条件その他の待遇に関する事項として義務的団体交渉事項となります。

④ 経営に関する事項

　一方、設備投資、生産方法の変更、経営判断にかかる事項（事業譲渡や組織変更など）については、労働条件その他の待遇に関する事項ではないことから、義務的団体交渉事項には該当しません。ただし、これらの事項が労働条件等に影響を与える場合については、義務的団体交渉事項となり得ます。

　例えば、事業譲渡により組合員が譲渡先の企業に転籍を余儀なくされている場合、かかる組合員の転籍条件については義務的団体交渉事項となり得ます。

⑤ 社会的な要求

　同様に、社会的な運動に結び付いた事項（「戦争反対」「憲法改正反対」「公害被害者への支援」など）については、労働条件その他の待遇に当たらず、義務的団体交渉事項とはなりません。

⑥ 使用者と労働組合間のルールに関する事項

ユシ協定、団体交渉の場所・ルール、労働組合に対する便宜供与の内容など、使用者と労働組合との関係やルールに関する事項については、義務的団体交渉事項となります。

ただし、労使協定にすでに規定されている事項については、使用者は原則として団体交渉の義務を負わず、団体交渉の申し入れを拒否できます。

一方、労働協約の解釈に関する問題については、労働協約において何らかの手続きが定められている場合を除き、義務的団体交渉事項となります。なお、労働協約の有効期限の満了が近づいており、次期の労働協約について交渉をする場合は、次期協約の交渉期間に入れば、使用者は交渉義務を負います。

髙谷知佐子　弁護士（森・濱田松本法律事務所）

 **団体交渉にはどのようなものがあるか**

 日本においては、企業別交渉が一般的であるが、産業別統一交渉との中間形態である共同交渉、集団交渉、対角線交渉といったものも見られる

① 企業別交渉

日本においては企業別労働組合がほとんどであるため、団体交渉の形態も企業別交渉であることが多いです。企業別交渉とは、ある企業（ま

たは事業場）の労働者の労働条件等について、労働組合が使用者（企業）と交渉を行う団体交渉をいいます。

 産業別統一交渉

　一方、産業別統一交渉とは、産業別労働組合が産業別の使用者団体との間で、当該産業の労働者に共通の労働条件その他の事項について行う団体交渉です。企業別交渉が企業側に一般的には有利である（企業の経営状態や方針など、固有の事情を企業側が主張しやすく、労働組合側もこれを克服するだけの材料をもたない場合が多い）のに対し、産業別統一交渉は、労働組合側に人数的な強みを与え、横断的に使用者側に圧力を加えることができるなど、労働組合側にとっては有利な交渉形態であるといえます。ヨーロッパにおいては産業別統一交渉が主流です。

　なお、統一交渉を使用者側が強制され得るためには、使用者側において統一的な団体交渉の当事者となり得る使用者団体が存在したり、当該事項について使用者団体が統一的な交渉権限を構成員から委ねられたりしているなど、統一的交渉のための体制が整っていなければなりません。したがって、こうした体制が整っていないのになされた産業別組合からの統一交渉要求については、使用者側は交渉義務を負わないと解されます。

 中間形態

　上記のとおり、日本においては企業別交渉がほとんどですが、労働組合側に不利である点を克服するため、いくつか中間的な交渉形態が試みられることがあります。

■ 企業別交渉への上部団体役員の参加

　上部団体の役職員が、傘下の企業別組合から交渉権限の委任を受けて

企業別交渉に参加する交渉形態を指します。企業別組合が結成されたばかりで交渉力があまりない場合や、企業の廃止など労働組合とその組合員にとって非常に重大な局面においては、上部団体役員も企業別交渉に参加するケースがあります。

2 共同交渉

企業別組合とその上部団体とが、それぞれの団体交渉権に基づいて共同で使用者と交渉に当たる形態です。

3 集団交渉

本来は、産業別組合の統制下にいくつかの企業別組合と各企業との交渉を同一テーブルで行うものを指しますが、産業別組合の統制の下、同一スケジュールに合わせて企業別組合が一斉に企業別交渉を行うケースを指す場合もあります。

4 対角線交渉

産業別上部団体が単独で個々の使用者と交渉する方式で、交渉のスケジュールを合わせず個々に行われる場合と、スケジュールを合わせて一斉に行う場合とがあります。対角線交渉の相手方使用者を一堂に集めて交渉を同時に集団的に行う方式（対角線集団交渉）も含まれます。

なお、使用者側や労働組合側に体制が整っていないのに、共同交渉、集団交渉や対角線交渉が要求された場合や、企業別組合の団体交渉権と上部団体の団体交渉権との調整がなされていないために二重交渉のおそれが生じている場合には、団体交渉を拒否する「正当な理由」となり得るとされています。

高谷知佐子　弁護士（森・濱田松本法律事務所）

唯一交渉団体条項を理由とする団交拒否は可能か

A 唯一交渉団体条項があっても別組合からの団体交渉の申し入れを拒否することはできない

1 唯一交渉団体条項とは

唯一交渉団体条項とは、労働協約の中で、「会社はこの労働組合を会社内における唯一の交渉団体と認め、この労働組合以外のいかなる団体とも団体交渉を行わない」などと規定した条項を指します。意図としては、上部団体や少数組合からの団体交渉の要求を拒否するためであることが多いです。

2 唯一交渉団体条項の効力

こうした唯一交渉団体条項については、使用者と団体交渉できる労働組合が事実上一つしか存在しない場合は、一応の意味は持ちますが、別組合が存在したり、上部団体にも団体交渉権が存在したりする場合には、当該別組合・上部団体の団体交渉権（憲法28条）を侵害し、無効であると解されます。

前記の唯一交渉団体条項が無効である以上、当該条項は労組法7条2号の「正当な理由」にも該当せず、かかる条項を理由に団体交渉を拒否すれば、不当労働行為となります。

ただし、上部団体からの団体交渉の申し入れについては、同一事項について二重交渉のおそれが生じ得ることから、使用者は二重交渉を回避

するために、上部団体と企業別組合との間で団体交渉権が調整・統一されるまで、一時的に交渉を拒否できると解されています。

高谷知佐子　弁護士（森・濱田松本法律事務所）

 **アルバイトなどの非組合員に関する団体交渉申し入れは応諾義務があるか**

 団体交渉は、組合員の労働条件の維持改善を目的として行われるものであり、原則として非組合員の問題は団体交渉の対象とならない

1　団体交渉の対象

　労組法6条では、団体交渉について「労働組合の代表者又は労働組合の委任を受けた者」が「労働組合又は組合員のために使用者又はその団体と労働協約の締結その他の事項に関して交渉する権限を有する」と規定されており、労働組合が非組合員のために交渉することは前提とされていません。

　また、団体交渉の義務的交渉事項も組合員の労働条件等であり、非組合員の労働条件については義務的団体交渉事項に該当しないのが原則です。

　したがって、アルバイトが非組合員であれば、団体交渉の対象とはなりません。

② 例外

　ただし、非組合員に関する事項であっても、それが組合員の労働条件等に影響を及ぼすような場合については、義務的団体交渉事項に該当し、使用者は団体交渉を拒否することはできません。

　例えば、アルバイトの人員配置により組合員のシフトや労働時間等に影響が生ずる場合には、アルバイトの人員配置についても義務的団体交渉事項となり得ます。

髙谷知佐子　弁護士（森・濱田松本法律事務所）

就業時間中の組合活動を認めても問題ないか

A 就業規則や労働協約に規定がある場合や労使慣行により許される場合がある

① 就業時間中の組合活動

　労働者は、労働契約に基づき、就業時間中は使用者の業務命令に従って職務を誠実に遂行するという職務専念義務を負っています。このため、原則として就業時間中の組合活動は正当性を認められず、組合活動は就業時間外に行われる必要があります。

　ただし、就業規則や労働協約によって、就業時間中でも団体交渉や組合大会への出席などを許容する旨が規定されている場合や、上司の許可を条件として組合活動のために離席することを認める旨規定されている

図表5-3●就業時間中の組合活動に参加する場合の取り扱い別労働組合の割合

—%—

区分	計	許可、届出等を要しないでできる	届出、通知等をすればできる	許可、承認等のあった場合できる	全くできない
〈組合大会等定期の会合〉					
計	100.0	9.9	49.3	26.2	12.9
就業時間中の組合活動について					
労働協約の規定あり	100.0	10.1	50.9	27.2	10.3
労働協約の規定なし	100.0	10.8	45.6	22.1	21.1
〈教宣活動等日常の組合活動〉					
計	100.0	14.7	39.5	29.4	14.0
就業時間中の組合活動について					
労働協約の規定あり	100.0	11.9	42.1	32.5	11.7
労働協約の規定なし	100.0	23.2	30.4	23.1	21.9

資料出所：厚生労働省「平成23年労働協約等実態調査」
［注］労働協約の規定の有無の計には「不明」が含まれる。

場合には、こうした規定を根拠に、その範囲で就業時間中の組合活動も許されます［図表5-3］。また、こうした規定がなくても、上司の許可を条件として組合活動を行うことや、許可がなくてもその組合活動をすることが労使慣行となっている場合には、こうした労使慣行に基づき組合活動を認めることは許されます。

なお、例外的なケースとして、組合活動が使用者の業務命令よりも優越的な価値をもつと解される場合には、就業時間中の組合活動であっても正当性は失わないとされます。

② 就業時間中の組合活動時間に対する賃金

就業時間中に組合活動が許されている場合でも、組合活動に使用した時間に相当する賃金は、ノーワーク・ノーペイの原則に従い、支払われないのが原則となります。ただし、労組法7条3号但し書きで、「労働者が労働時間中に時間又は賃金を失うことなく使用者と協議し、又は交渉

することを使用者が許すこと」は経理上の援助としての支配介入には当たらないとされていることから、当該範囲で組合活動時間を有給とすることは可能です。

　また、労組法7条3号については、交渉当事者としての労働組合の自主性と独立性を損なうことが禁止の立法趣旨であるため、こうした自主性・独立性を損なわない範囲での便宜の供与はある程度認めてよいと解されています。例えば、有給の組合休暇を一定日数につき認めたり、組合事務所の光熱費を負担したりすることも、労組法7条3号により例外とされているものと同視できる範囲であれば許されると解されます。もっとも、就業時間中の組合活動を常に有給とすることは、労組法7条3号の例外の範囲に含まれるとすることはできず、経費援助に該当し、許されないと解されるでしょう。

③ 組合活動時間と賞与の査定

　組合活動のため欠勤が多いことなどを理由として、賞与を低く査定することが不当労働行為に該当しないかという問題がありますが、当該欠勤日を通常の欠勤と同一に扱い、賞与などの計算において考慮する限り、不当労働行為には該当しません。ただし、当該欠勤日を超えて不利益に取り扱ったり、組合の弱体化の意図があったりする場合には、不当労働行為に該当します。

高谷知佐子　弁護士（森・濱田松本法律事務所）

組合役員を外部から選任できるか。また、在籍専従者は認める必要があるか

A 従業員が退職して労働組合の業務に従事することもあり、外部からの組合役員の選任もあり得る。在籍専従者を認めるかは原則として使用者の自由な判断による

1 組合役員の選任

　組合役員の選任方法や組合役員の資格については、通常労働組合の規約に規定されており、基本的には労働組合の自治の問題です。もっとも、組合役員としての性格から、当該労働組合の組合員であることを要するのが通常です。

　また、組合員としての資格についても通常組合の規約により定められており、企業別組合の場合には企業に雇用されている労働者であることを要するとしているものが多いです。

　したがって、一般的には、組合役員となるためには、当該労働組合の組合員である必要があり、当該労働組合が企業別組合である場合には、当該企業に雇用されている労働者である必要があることから、企業外の者が労働組合の役員となり得る場合は少ないでしょう。ただし、当該労働組合が企業別組合ではなく企業外の者にも組合員としての資格を認めている場合や、組合役員になる資格について外部の者を制限していない場合には、外部の者が組合役員として選任されることもあり得ます。

2 組合専従者（在籍専従と離籍専従）

　労働組合の業務に専従する者を、組合専従者といいます。組合専従者

には、労働組合の役員が従業員としての地位を保ったまま、もっぱら労働組合の業務に従事する「在籍専従」と、従業員が退職（離籍）して労働組合の業務に従事する「離籍専従」があります。したがって、企業別組合であっても離籍専従となる場合には、企業に雇用されている労働者ではなくなり、そのまま組合役員となるケースが想定されます。

③ 組合専従者を認めるか否か

　使用者が労働者の在籍専従を認めなければならないかについては、通説や判例においては憲法28条の団結権に当然に含まれるものではなく、「使用者の自由な判断に任されている」とされています。ただし、労働組合の規模が大きくなると、専従制度は労働組合の存続に必要不可欠なものとなることから、正当な理由もないのにこれを認めないことは、支配介入の不当労働行為となり得ます（労組法7条3号）。よって、組合側からのこうした申し出については十分な協議が必要といえます。その他、在籍専従を使用者が認めない場合で不当労働行為となり得る類型には、次のようなものがあります。

①労働協約の中に在籍専従を認める規定があるのに認めない場合

②正当な理由もなく、特定の組合員が専従者になることを拒む場合

③企業内に複数の組合がある場合に一方の組合は専従を認めて、他方の組合は認めない場合（ただし、規模などに照らして一方の組合に認めないことが合理的である場合には、不当労働行為とはいえないであろう）

　在籍専従者を認めるに当たっては、在籍専従者の人数・専従期間・専従期間中の待遇・専従期間後の措置などについて労働協約でできるだけ具体的に定めておくことが望ましいです。在籍専従者は、通常休職扱いとなり、労働義務は免除されるので、使用者は在籍専従者に対して賃金を支払う義務はありません（逆に、在籍専従者に賃金を払うことは経費

援助に該当し、不当労働行為となります）。

高谷知佐子　弁護士（森・濱田松本法律事務所）

 **組合専従者の賃金、勤続通算および復帰後の昇進・昇給等の取り扱いはどのようにすべきか**

 専従期間の賃金は無給となる。勤続通算、復帰後の昇進・昇給等の取り扱いは労働協約などの定めによる

1　専従期間の賃金

労働組合の業務に専従する者を組合専従者といい、企業別組合がほとんどである日本においては、従業員としての地位を保ったまま、もっぱら労働組合の業務に従事する「在籍専従」であることが多いです。

在籍専従者は、通常休職扱いとなり、労働義務は免除されるので、使用者は在籍専従者に対して賃金を支払う義務はありません。組合専従者に対しては、組合財産から給与に相当する金銭が支払われるのが通常です。逆に、組合専従者の賃金を使用者が負担することは、労組法7条3号が禁止する経費援助として「支配介入」に該当し、不当労働行為となります。

2　専従期間の勤続年数

以上に対し、組合専従者の専従期間を勤続年数として通算するか否かは、経理上の援助には該当せず、結局は労使間の取り決めによるものと

なります。退職金の計算における勤続年数についても同様であり、労使間の取り決めにより専従期間を勤続年数として通算することは可能です。こうした勤続年数については通算する場合、しない場合の両ケースが見られます。

③ 専従からの復帰後の昇進・昇給等の取り扱い

使用者は、労働組合の組合員について、労働組合の正当な行為をしたことを理由に不利益な取り扱いをしてはなりません（労組法7条1号）。したがって、専従者に対し、労働組合活動を行っていたことを理由に、昇進・昇給等につき不利益な取り扱いをすることは当然許されません。

専従期間中に昇進・昇給等をさせる、させないという取り扱いについては、そもそも休職中であることから、給与の支払いが伴わない限りいずれの取り扱いであっても問題は少ないでしょう。

難しいのは、専従期間は休職扱いとされることが多いが、当該期間労働していなかったことを理由としてその後の昇進・昇給等につき、他の労働者と差を設けてもよいかという点です。この点については、専従期間は会社において労働していない期間であることから、当該期間を勤務しなかったこととして昇進・昇給等を取り扱うことも可能であると解されます。ただし、専従期間を休職したことだけではなく、当該休職期間に対する評価を超えて昇進・昇給等を不利益に取り扱ってはなりません。

実務上は、専従期間について、他の労働者と同様に昇進・昇給させると労働協約において定めているケースも見られます。例えば、専従期間後に復帰した際、休職前の同種・同列の他の労働者の昇給率や昇格の程度と比較し、給料額の調整を行ったり、昇格を実施したりするというものです。この点も、最終的には労使間の協議に基づく合意の内容によることになります。

髙谷知佐子　弁護士（森・濱田松本法律事務所）

 **会社が貸与した組合事務所、掲示板の利用を
どこまで制限できるか**

 使用者の施設管理権に基づき合理的な範囲で制限すること
は許される

1 使用者の施設管理権

　使用者は、「職場環境を適正良好に保持し規律のある業務の運営態勢を確保するため、その物的施設を許諾された目的以外に利用してはならない旨を、一般的に規則をもつて定め、又は具体的に指示、命令することができ」ます（国鉄札幌運転区事件　最高裁三小　昭54.10.30判決）。このような権限を、施設管理権といいます。

2 施設管理権と労働組合活動の関係

　ただし、上記の使用者の施設管理権も無制限ではなく、特に企業別組合がほとんどである日本においては、会社内における組合活動がある程度認められなければ労働組合活動を行うことが実質的に制限されてしまいます。そこで、施設管理権も労働組合の団結権や組合活動権の保護の観点から一定の制約を受け得ます。一般的には企業施設の利用の方法や態様については、労使間の協議に基づく合意によるべきことになります（前掲国鉄札幌運転区事件）。したがって、労働組合が使用者の許諾を得ないで施設を利用したり、施設内で労働組合活動を行うことは、当該利用を許さないことが施設管理権の濫用と認められるような例外的な場合を除き、正当性を有さず許されません。

一方、使用者側が労働協約等で企業施設の利用を認めている場合には、原則として労働組合による当該施設の利用を妨げることはできません。しかし、労働組合の利用の態様が通常の使用に反していたり、使用者の名誉や信用を著しく傷つけるものである場合には、使用者は労働組合による施設の利用を拒否したり制限することも許されるといえます。

③ 組合事務所の使用の制限

　労組法は、使用者による「最小限の広さの事務所の供与」を経理上の援助に当たらないとしています（同法2条2号但し書き、7条3号但し書き）が、労働組合が当然に組合事務所の貸与請求権を有するものではなく、あくまでも労使間の合意に基づくものです。

　ただし、いったん組合事務所が貸与された場合には、使用者は組合活動を不合理に制約するような使用制限を行うことはできません。例えば、組合事務所の利用時間を極端に短くしたりすることは許されません。逆に、使用者の施設管理権の観点から必要な範囲の制約（夜間の利用を許可制にする、火気の持ち込みを禁止する、会社外の者の出入りを許可制にする等）は許されると解されます。

④ 掲示板の使用の制限

　掲示板の使用についても、使用者側に掲示板の設置や利用の許諾義務があるわけではありませんが、組合活動上、掲示物による活動は重要な役割を持つことから、使用者が特段の理由なく掲示板の設置を拒否することは不当労働行為になり得ます。

　使用者と労働組合との間で掲示板の利用について合意がされた場合には、当該掲示板へどのような内容の掲示を行うかは原則として労働組合の自由ではありますが、労働組合といえども事実を捏造_{ねつぞう}し、個人を誹謗_{ひぼう}

中傷し、または会社の信用を著しく傷つけるような内容の掲示物を掲載することは許されません。

髙谷知佐子　弁護士（森・濱田松本法律事務所）

組合活動としてのビラ貼りはどの程度認められるか

A 許可なく行われたビラ貼りは原則として正当性を有さず許されないが、組合活動の必要性が強い場合には例外的に認められる場合がある

1　事業場の施設へのビラ貼り

　事業場の施設へのビラ貼りは、建造物損壊罪（刑法260条）や器物損壊罪（同法261条）にも該当し得る行為であり、こうした刑法に抵触するようなビラ貼りは正当性が否定されます。例えば、タクシー会社において四つ切り大の新聞紙などに要求事項を記載したビラ数十枚を会社事務所や階段の壁、窓ガラス、入り口引き戸、衝立（ついたて）などに糊（のり）で貼付し、会社がこれをはがすと同様の貼付を3度繰り返したという行為は、建造物損壊や器物損壊に該当すると認定されました（金沢タクシー事件　最高裁一小　昭43.1.18決定）。

　また、刑法に抵触するほどではないビラ貼りであっても、使用者はその有する施設について施設管理権を有しており、許可なくされたビラ貼りは施設管理権を侵害するものとして正当性を有さず許されないのが原則です。

　ただし、例えば使用者がこれまで認めていた掲示板の利用を認めなく

なったり、他の組合には施設利用を認めているのに当該組合には認めていなかったりするため、情報伝達や意思表示の適切な手段が他にないような、組合活動の必要性が強いと認められる場合には、当該ビラ貼りが使用者の業務遂行や施設管理に実質的支障を生じせしめない限り許されるといえます。

この判断に当たっては、貼付場所ないし施設の性質、貼付された範囲、ビラの形状・文言・枚数・貼り方などを総合考慮し、業務遂行上・施設管理上の実質的支障を生じせしめなかったか否かが判断されます（菅野和夫『労働法 第11版補正版』［弘文堂］929ページ）。

正当性のないビラ貼りがなされた場合には、使用者は当該貼付行為を行った者に対して懲戒処分を行うことができるとともに、労働組合に対して損害賠償請求をなし得ます。

② ビラの撤去請求・自力撤去

正当性を有しないビラ貼りが行われた場合、使用者は労働組合に対してビラの撤去を請求し得ます。また、使用者がビラの撤去の請求をしたにもかかわらず、組合がこれに応じない場合には、使用者は自力でビラを撤去することができると解されます。このような自力撤去については社会的相当性が認められ、例えば支配介入といった不当労働行為には該当しません。

③ ビラ配布

ビラ貼りではなくビラの配布が事業場内でなされる場合もありますが、ビラ配布はビラ貼りと同様施設管理権との関係が問題となるものの、ビラ貼りのような施設への直接の影響がないことから、比較的緩やかに正当性が認められるといえます。

具体的には、ビラ配布の場所や内容、配布数、配布方法などに照らし、事業場の「秩序風紀を乱すおそれがない特別の事情」がある場合には、かかるビラ配布は正当な組合活動であるといえます。例えば、私立学校の職員室におけるビラ配布についての判例では、「ビラの内容、ビラ配布の態様等に照らして、その配布が学校内の職場規律を乱すおそれがなく、また、生徒に対する教育的配慮に欠けることとなるおそれのない特別の事情が認められるときは、実質的には右規定〈注：就業規則〉の違反になるとはいえ」ないとした上、配布方法が平穏で生徒があまり入室しない時間帯にされたことから、職場規律を乱すおそれのない特別の事情があるとされました（倉田学園事件　最高裁三小　平6.12.20判決）。

髙谷知佐子　弁護士（森・濱田松本法律事務所）

 **違法な争議行為と労働組合の損害賠償責任**

 違法な争議行為については民事免責の保障を受けず、労働組合には損害賠償責任が生ずる

 **争議行為の法的保護**

　正当な争議行為について、使用者はかかる争議行為により経済的な損害を負ったとしても、労働組合やその組合員に対し賠償を請求することはできません（労組法8条）。争議行為は憲法28条により争議権として保障されており、かかる憲法上の権利を確保するため、正当な争議行為については民事免責と刑事免責が認められ、かつ解雇や懲戒処分など使

用者からの不利益取り扱いからも保護されています。

　しかし、こうした民事免責や刑事免責は、正当な争議行為であること が前提であり、正当ではない争議行為の場合には、労働組合（および組 合員）はこうした保護を受けることができません。

② 正当な争議行為

　争議行為の正当性の判断に当たっては、個々の争議行為について、そ の主体、目的、態様、手続きなどを総合考慮することになります。

■ 主体の正当性

　まず、主体の正当性としては、争議権保障の趣旨からして団体交渉の 当事者となり得る者であることが必要となります。法適合労働組合では ない労働組合であっても、憲法28条の団体交渉権の保護は受けるため、 同条の争議権の保護も受けることができます。しかし、山猫スト（組合 員の一部集団が組合所定機関の承認を得ないで独自に行うストライキ） については、団体交渉の当事者となり得ない者による争議行為ですから、 原則として正当性を認められません。

■ 目的の正当性

　労働条件や労働者の待遇に関するもの、組合員の処遇に関するものな ど、団体交渉上の目的事項となるものについては正当性が認められます。

■ 態様の正当性

　ストライキ、怠業など労務の不提供にとどまる限りは正当な態様であ るといえます。しかし、職場占拠など、使用者の企業施設に対する占有 を排除するような態様の争議行為は正当性を有しません。

■ 手続きの正当性

　団体交渉や予告を経ない争議行為、平和義務条項（協約の有効期間中 は、同協定条項の改廃を目的とする争議を行わないと定めた条項）違反 の争議行為は、正当性を認められない場合があります。

損害賠償責任の主体

　違法な争議行為であり使用者に対する損害賠償責任が発生する場合に、労働組合以外に個々の組合員も責任を負うかについては見解が分かれていますが、少なくとも争議行為を主導した組合の執行部については、労働組合が負う不法行為責任について共同不法行為責任または教唆・幇助の責任を負うものと解されます。

髙谷知佐子　弁護士（森・濱田松本法律事務所）

 **36協定の締結当事者であった労働組合が、協定締結後過半数を割った場合でも、協定の効力はあるか**

 締結当時に過半数を組織する労働組合であれば、その後過半数を割った場合でも36協定は有効である

1　36協定とは

　現行の労基法は1日の法定労働時間を8時間とし、1週間の法定労働時間を40時間としています（労基法32条）。また、原則として毎週1回休日を与えなければならないとしています（同法35条1項）。この法定労働時間を超え、あるいは法定の休日に労働者を労働させるためには、使用者は労使協定（36協定）を締結し、これを行政官庁に届け出なければなりません。36協定が締結されると、使用者は労基法32条の法定労働時間や労基法35条の休日に関する規制の緩和ないし免除を受けることができることになります（例えば、労基法32条の法定労働時間を

超えて労働者を労働させても、労基法違反に問われません）。

② 36協定の締結当事者

　36協定は、事業場の労働者の過半数を組織する労働組合、またはそのような組合がない場合には事業場の労働者の過半数を代表する者と、書面により締結しなければなりません。労働者の過半数という場合の「労働者」には、事業場に属するすべての労働者が含まれ、管理監督者やパートタイマー、契約社員なども含まれます。

③ 設問のケース

　上記のように、36協定は労働者の過半数を組織する労働組合または労働者の過半数代表者との間で締結されなければなりません。ただし、この過半数の要件は締結時に満たされていればよく、36協定が有効に存続するための継続要件ではないと解されています。したがって、締結当事者であった労働組合が過半数を組織しなくなった場合や、締結当事者であった労働者の過半数代表者が会社を退職した場合であっても、36協定の効力に影響はありません。

髙谷知佐子　弁護士（森・濱田松本法律事務所）

管理職組合結成に対応する場合の留意点

A 管理職組合であっても労組法上の労働組合の要件を満たす場合には適格労働組合となり、団体交渉の申し入れ等に対応する必要がある

1 管理職組合

　会社において管理職として取り扱われている労働者であっても、労組法3条の労働者には含まれます。よって、これらの管理職のみをもって組織する団体も、憲法28条の団結権・団体交渉権・団体行動権を保障される労働組合となり得ます。

　しかし、一方で労組法2条但し書き1号は、使用者の利益代表者の参加を許す組合は、使用者との関係において自主性を欠くとして労組法上の労働組合ではないとしており（Q69参照）、管理職組合はこれに抵触する可能性があります。

　この点、「使用者の利益代表者」の範囲は、一般に限定的、抑制的に判断されるべきと解されており、結局は当該管理職の職務の実質的な内容を個別具体的に検討し、当該管理職の加入により労働組合の自主性が損なわれるかを判断する必要があります。

2 管理職組合からの団体交渉の申し入れ

　管理職のみにより組織された組合や、管理職を含む組合からの団体交渉の申し入れであっても、上記のとおり「使用者の利益代表者」の範囲は限定的に解されていることから、これを拒絶することは団体交渉拒否

の不当労働行為を成立させる余地があります。判例等においても、企業内における管理職組合の法適合性を認め、使用者による団体交渉拒否を不当労働行為であるとしたものがあり（セメダイン事件　中労委　平10.3.4決定）、使用者としては慎重に判断する必要があります。

　　　　　　　　　髙谷知佐子　弁護士（森・濱田松本法律事務所）

第5章

労働組合

第6章
従業員代表

Q089 従業員代表（労働者代表）とは何か。どのような役割を担うのか

A 一般的に、労基法上の過半数組合・過半数代表者をいい、労働者の意思を反映する役割を担う

1 従業員代表（労働者代表）とは

従業員代表（労働者代表）に関する法律上の定義はありません。根拠となる法律の規定・選出単位・付与権能等の違いから従業員代表には幾つかの種類が存在するといわれますが、労基法上の労使協定制度（労基法36条など）の労使協定の締結主体として、または就業規則の意見聴取制度（同法90条）で意見を述べる過半数組合・過半数代表者（労基則6条の2）を、「従業員代表（労働者代表）」と呼ぶことが多いです。

ここでも、労基法が規定する事業場の労働者の過半数代表、すなわち、事業場における「労働者の過半数で組織する労働組合」または（そのような組合がない場合の）「当該事業場の労働者の過半数を代表する者」を、従業員代表（労働者代表）と呼びます。

2 従業員代表の役割

従業員代表の役割は、事業場における労働者の代表者として、①使用者と各種労使協定を締結し（労基法36条など）、または、②就業規則の制定・改定に際し意見を述べ（労基法90条）、当該事業場における労働者の過半数の意思を反映することにあります。

もっとも、従業員代表は、特定事項や特定案件ごとに、当該事項・案

件に限って事業場の労働者を代表するものであるため、事業場の労働条件に関する事項について、包括的・継続的に関与する役割を担うことは予定されていません。また、従業員代表を通じて事業場の労働者が意見を表明する機会は、代表を選出する場面に限定されるという特徴があります（東京大学労働法研究会編『注釈労働基準法・上』［有斐閣］37ページ）。

3 労働法制における近年の傾向

　もっとも、最近では、労基法以外の法令でも、従業員代表との手続きを重視する傾向にあります。例えば、

- 育児・介護休業等の対象者からの除外に関する労使協定（育児・介護休業法6条、12条、16条の8、23条）
- 再就職援助措置の内容についての意見聴取等（高年齢者雇用安定則6条の3、6条の4）
- 会社分割における従業員代表者との協議等（承継則4条）

――などにおいても、従業員代表が登場します。

　そのため、従業員代表の担う機能には、

①労使の合意に基づき労基法など労働関係法規上の規制を解除する機能（労基法36条等）

②労使の協議などを通じて労働条件の設定過程に関与する機能（労基法90条、労契法10条等）

③多様な政策目的を実現するために労働現場での労使の話し合いを促す機能

――などがあると考えられています（水町勇一郎『労働法 第6版』［有斐閣］82ページ）。

西頭英明　弁護士（日本・ニューヨーク州）／元国税審判官（第一芙蓉法律事務所）

第6章

従業員代表

従業員代表を選出する際に、「過半数」の分母となる労働者には、管理監督者、パートタイマー、出向者、派遣労働者など、どこまで入るか

A 当該事業場において「労働契約」に基づき労働力を提供している者全員が含まれる

従業員代表は、「当該事業場の労働者の過半数で組織する労働組合」、そのような組合がない場合には「当該事業場の労働者の過半数を代表する者」です。

従業員代表の選出母体となる「労働者」は、当該事業場の全労働者を指すのか、それとも一定の労働者は除かれるのかが、ここでの問題です。

① 従業員代表の選出母体となる「労働者」

従業員代表の選出母体となる「労働者」とは、労基法上の管理監督者を含む、当該事業場において労働する労基法上の労働者（労基法9条）全員を意味します。

つまり、当該事業場において「労働契約」に基づき労働力を提供している者すべてであり、行政解釈も、労基法36条の労使協定（時間外・休日労働協定）において、同様の解釈をします（昭46.1.18　45基収6206、昭63.3.14　基発150・婦発47、平11.3.31　基発168）。

当該事業場に使用されている全労働者の過半数の意思を問うために従業員代表が選出されるのであり、法律上または事実上の影響を受ける労働者の過半数に意思を問うものではない、というのがその理由です。

② 「労働者」の範囲

したがって、労使協定における従業員代表の選出母体の「労働者」の中には、管理監督者（労基法41条2号前段）、監視・断続的業務従事者（同条3号）、年少者（同法60条）などの労基法上特別扱いされる労働者も含まれ、正規労働者だけでなく、パートタイマー・期間雇用労働者などの非正規労働者も広く含まれます。

また、取締役・監査役等の企業の役員も、工場長・部長などの職に就いて賃金を受けるなど、労働者としての実態があれば「労働者」です。

さらには、請負契約や委任契約で労務を提供している者も、当該契約が実態として労働契約と判断されれば、「労働者」に含まれます。また、病欠・出張・休職期間中等、当該協定期間中に出勤がまったく予想されない者も含まれます（前掲通達参照）。

ただし、出向者については、出向元に包括的労働関係がありながら出向先にも労務の提供を中心とする部分的労働関係があるため、出向者の「事業場」は、労働契約上の各権限の分配によって決められます（東京大学労働法研究会編『注釈労働基準法・上』［有斐閣］161ページ）。すなわち、出向者への労務指揮権は出向先にあるため、これに関する労使協定（任意貯蓄金管理協定・賃金控除協定・年休日の賃金を標準報酬日額とする協定以外の労使協定）の事業場は出向先で、それ以外の労使協定（上記三つの協定）の事業場は出向元となります。ただし、賃金支払いまで出向先が行う形態の出向では、賃金控除協定・年休日の賃金を標準報酬日額とする協定についても、出向先が出向者の事業場になります。

なお、派遣労働者の事業場は、労基法34条の休憩時間に関する協定を除き（昭61.6.6　基発333、昭63.3.14　基発150・婦発47、平11.3.31基発168）、派遣元であって、派遣先ではありません。

西頭英明　弁護士（日本・ニューヨーク州）／元国税審判官（第一芙蓉法律事務所）

労使協定締結の従業員代表を選ぶ際の留意点とは

A 従業員代表の資格・選出方法に留意する

　労使協定は、事業場の労使代表間で当該事業場の実情に即して締結することを要求されるため、労使協定の一方当事者となる従業員代表も、事業場ごとに決定されます。

　労基法は、当該事業場の労働者の過半数で組織する労働組合（以下、過半数組合）または（過半数組合がない場合には）当該事業場の労働者の過半数を代表する者（以下、過半数代表者）が従業員代表となる旨規定しています。

　すなわち、事業場に過半数組合が存在する場合はそれが優先し、当該組合が存在しない場合にはじめて、過半数代表者が従業員代表となります。

　過半数組合が優先される理由は、事業場の労働者の過半数を組織する労働組合であれば、事業場の労働者を代表する資格を与えて差し支えない上、労働組合は、一時的な過半数代表者に比べて、労働者の利益をより実質的に擁護する態勢にあると考えられるからです（東京大学労働法研究会編『注釈労働基準法・上』［有斐閣］40ページ）。

　過半数組合の場合、「過半数」と「組合」という二つの要件を充足すれば労使協定の一方当事者たり得ますが、問題となるのは過半数代表者の選出方法です。

　そこで、以下では、過半数代表者の選出方法等を説明します。

1 過半数代表者の資格・選出方法

　過半数代表者は、①管理監督者（労基法41条2号前段）でないこと、および②労使協定の締結等を行う代表者であることを明示して実施される投票・挙手等の方法による手続きにより選出された者で、使用者の意向によって選出された者ではないこと、のすべての要件を充足することが求められます（労基則6条の2第1項2号、平11.1.29　基発45、平22.5.18　基発0518第1）。

2 被選出者（過半数代表者）の資格

　過半数代表者として選出される者は、管理監督者（労基法41条2号前段）でないことが必要です（労基則6条の2第1項1号。Q92参照）。これは、労働組合が結成された場合、管理監督者は使用者の利益代表者として非組合員となる者であり、当該事業場の全労働者の代表者として、事業場の実情に即した協定を締結することが期待しにくいためです（もっとも、管理監督者は、従業員代表を選出する側の事業場の労働者には含まれます）。

　ただし、管理監督者しかいない事業場では、任意貯蓄金管理協定（労基法18条2項）、賃金控除協定（同法24条1項但し書き）、時間単位年休に関する協定（同法39条4項）、計画年休協定（同法39条6項）、年休日の賃金を標準報酬日額とする協定（同法39条7項）については、管理監督者も過半数代表者となることができます（労基則6条の2第1項1号・2項、平11.1.29　基発45、平22.5.18　基発0518第1）。

3 過半数代表者の選出方法

　従業員代表の選出方法について、労基則6条の2第1項2号は、従業員

代表は、労使協定の締結等を行う者を選出することを明らかにして（つまり、何のために選出するのかを明らかにして）、投票・挙手等の方法による手続きで選出された者でなければならない旨規定します（平11.1.29　基発45、平22.5.18　基発0518第1）。つまり、従業員代表は、労使協定ごとに、民主的な手続きによって選出されなければなりません。

この「投票・挙手等の方法」には、労働者の話し合い・持ち回り決議など、労働者の過半数が当該者の選任を支持していることが明確になる民主的な手続きが該当します（平11.3.31　基発169）。回覧やメールによる選出も、労使協定の締結等を行う者を選出することを明らかにして実施し、その実施が投票等の民主的な手続きによる方法で選出されていれば、問題ありません。

④ 不利益取り扱いの禁止

企業は、従業員代表であること、従業員代表になろうとしたこと、従業員代表として正当な行為をしたことを理由に、解雇・賃金の減額・降格等、労働条件について不利益な取り扱いをしてはなりません（労基則6条の2第3項）。これに反する使用者の行為は、私法上、公序良俗に反し無効と解されます（民法90条）。

この「労働者代表として正当な行為」には、法に基づく労使協定の締結の拒否、1年単位の変形労働時間制の労働日ごとの労働時間についての不同意等も含まれます（平11.1.29　基発45）。また、労基則が直接規定していない、従業員代表の選出過程における労働者の行動（特定の候補者に投票したこと等）についても、学説上、労基則の定める不利益取り扱い禁止規定が類推されると考えられています（東京大学労働法研究会・前掲書45ページ）。

西頭英明　弁護士（日本・ニューヨーク州）／元国税審判官（第一芙蓉法律事務所

36協定を締結する過半数代表者を選出する場合、管理監督者やパートタイマーにも投票権があるか。管理監督者やパートタイマーを選んでもよいか

A 管理監督者やパートタイマーにも投票権はある。しかし、管理監督者は過半数代表者になれない

1 過半数代表者を選出する場合の投票権について

Q90のとおり、従業員代表の選出母体となる「労働者」は、当該事業場で労働する労基法上の労働者（労基法9条）、つまり、当該事業場で「労働契約」に基づき労働力を提供している者すべてです。そのため、36協定を締結する過半数代表者を選出する場合、管理監督者（同法41条2号前段）やパートタイマーにも投票権はあります。

2 過半数代表者となる資格について

他方、管理監督者しかいない事業場において、任意貯蓄金管理協定・賃金控除協定・時間単位年休に関する協定・計画年休協定・年休日の賃金を標準報酬日額とする協定を締結する場合を除き、管理監督者は、各種協定を締結する過半数代表者となることはできません（労基則6条の2第1項1号・2項）。これは、労働組合が結成された場合、管理監督者は使用者の利益代表者として非組合員となる者で、当該事業場の全労働者のために事業場の実情に即した協定を締結することが期待しにくいためです。

もっとも、過半数代表者の資格について、管理監督者ではないことを定める以外、労基法上は何ら規定がありません。そのため、36協定を

締結する過半数代表者を選出する場合、管理監督者を選ぶことはできません が、パートタイマーを選出することは可能です。

西頭英明　弁護士（日本・ニューヨーク州）／元国税審判官（第一芙蓉法律事務所）

従業員代表の立候補者がいない場合、会社が指名してよいか

A 指名はできないが、推薦は可能

　使用者の意向によって選出された従業員代表は、選出時における当該事業場の過半数の労働者の支持が存在しないため、無効です（平11.1.29基発45、平22.5.18　基発0518第1）。つまり、従業員代表の立候補の有無を問わず、従業員代表を会社の指名により決定することは許されません。

　もっとも、最初から会社のほうで候補者を推薦し、労働者側で一切候補者を募らないという方法は、民主的な手続きとして問題があるものの、労働者側で候補者を募っても立候補者がいない場合、やむなく会社が候補者を推薦し、当該事業場の労働者の信任を求めるという方法であれば、最終的に、当該事業場の労働者の意向によって従業員代表が選出されたといえるので差し支えありません（安西 愈『改正労働時間法の法律実務』[総合労働研究所] 547ページ）。

西頭英明　弁護士（日本・ニューヨーク州）／元国税審判官（第一芙蓉法律事務所）

従業員親睦会の代表を自動的に従業員代表としてよいか

A 従業員親睦会の代表を自動的に従業員代表とすることはできない

1 従業員親睦会の代表を自動的に従業員代表として選出する方法

　従業員親睦会の代表（会長）を自動的に従業員代表とする制度は、従業員代表を民主的に選出したとはいえず、不適法です。なぜなら、親睦会の代表というだけでは、何ら事業場の労働者から当該労使協定を締結するにふさわしい者として民主的に選出されていないからです。

　現行省令（労基則6条の2）に改正される前のことですが、裁判例でも、労働者の親睦団体の代表（親睦団体内の選挙で選出）を自動的に従業員代表として締結した協定を不適法・無効としています（トーコロ事件　東京高裁　平9.11.17判決、最高裁二小　平13.6.22判決で維持）。

　もっとも、Q91の要件により、労使協定の締結等を行う者を選出することを明らかにして、投票、挙手等の民主的な手続きによる方法で選出（信任）すれば、その被選出者が親睦会の代表であっても、労働者の意思を反映して民主的に選出されたといえ、従業員代表となり得ます。

2 当該事業場の労働者でない者を選出してよいか

　親睦会の代表は、通常、必ずしも当該事業場の労働者とは限らないことから、当該事業場の労働者でない者を従業員代表として選出してよいか、という問題が生じます。省令（労基則6条の2第1項1号）は、被選

出者の資格について、管理監督者でないことを定める以外、何ら規定していません。では、どう考えるべきでしょうか。

　この点について、解釈上は、いずれにも解することが可能です。

　例えば、当該事業場の労働者の過半数がこのような者を代表者に望むなら、あえてそれを排除する必要はない、と考えれば、肯定説になります。しかし、裁判例は見当たらないものの、学説上は、当該事業場の労働者が主体的に関与することが法の趣旨であるとして、否定説が有力です（東京大学労働法研究会編『注釈労働基準法・上』［有斐閣］43ページ以下、東京大学労働法研究会著『注釈労働時間法』［有斐閣］34ページ以下）。

　したがって、疑義のあるところではありますが、親睦会の代表が当該事業場の労働者でない場合は、あえてその者を選出することは、慎重にしたほうが（できれば避けたほうが）よいです。

　同時に、複数事業場において、それぞれの「過半数を代表する者」を選出する場合に、統一した1人の代表者を選出するのも、慎重にしたほうがよいです。

西頭英明　弁護士（日本・ニューヨーク州）／元国税審判官（第一芙蓉法律事務所）

従業員代表の任期は自由に定めてよいか

A 否定説も有力だが、一定の条件で選出するのであれば、許容されるものと考える

 1 任期制とその問題点

　事業場に過半数組合のない企業では、任期を定めて従業員代表を選出し、その任期中はあらためて選出手続きを経ることなく、その者が従業員代表として活動すること（任期制）を実施しているところが多いです。

　この任期制は、一定の合理的期間と労働者の構成等が大きく変動しないことを条件に肯定する考えもありますが（安西　愈『改正労働時間法の法律実務』［総合労働研究所］549ページ）、学説上は、法は任期制を予定していないとして、立法論としてはともかく、解釈論としては否定すべきとするのが有力です（東京大学労働法研究会編『注釈労働基準法・上』［有斐閣］45ページ、東京大学労働法研究会著『注釈労働時間法』［有斐閣］37ページほか）。では、どう考えるべきでしょうか。これは、従業員代表の選出方法の問題です。

2 任期制を肯定するための条件

　過半数組合のない事業場での従業員代表は、Q91のとおり、労使協定の締結等を行う者を選出することを明らかにして（つまり、何のために選出するかを明らかにして）、投票・挙手等の方法による手続きで選出する必要があります（労基則6条の2第1項2号）。すなわち、労使協

定ごとに労働者意思が反映される手続きであることが要求されるものの、現行法は、一度の選出行為で複数の労使協定（例えば、36協定と事業場外労使協定）の従業員代表を選出することを禁止していません。そのため、一度の選出行為で、一定期間に予想される複数の労使協定に関する従業員代表を選ぶことは、違法とはいえません。

　もっとも、従業員代表は、実際に労使協定を締結する時点で、法の定める要件を充足している必要があります。そのため、企業は、労使協定を締結する都度、従業員代表の適法性を確認する必要があります（『ジュリスト』917号「新労働時間法のすべて」185ページ以下［菅野和夫発言］）。すなわち、上記選出時点以降、実際の労使協定の締結までに当該事業場の労働者の構成が変動し、従業員代表の要件を欠くに至ることもありますが、その場合は、選出された者の当該労使協定締結時における従業員代表の資格が、その時点で喪失しただけのことで、その喪失のリスクは、免罰的効果を受ける企業がもっぱら負うのです。

　なお、労使協定は、それだけでは私法上の効力を持たず、免罰的効果を有するのみです。すなわち、個々の労働者への拘束力は、別途、就業規則などの労働契約上の根拠が必要で、そこで保護が図られることとなります（もっとも、計画年休を定める労使協定は、他の労使協定とは異なり、当事者間の権利義務を設定する効果が認められるため、別の根拠は不要です。これは、計画年休は、他の労使協定の対象とは異なり、年休の付与自体が法律上定められた権利で、その具体的な内容が法律に基づく手続き［労使協定］によって特定されるという構造を持つからです［水町勇一郎『労働法 第6版』［有斐閣］281ページ　注234]）。

　以上から、一定の合理的期間（最長でも1年間と思われます）に予想される労使協定等（労使協定であれば協定の種類、就業規則の意見聴取であれば就業規則の種類）を具体的に明示した上で、一度の選出行為で従業員代表を選出することは許容されると考えます。

西頭英明　弁護士（日本・ニューヨーク州）／元国税審判官（第一芙蓉法律事務所）

従業員代表の選出手続きに違反した場合、罰則はあるか。また、民主的な手続きによらずに決めた従業員代表との労使協定は無効か

A 従業員代表の選出手続きに違反した場合の罰則はないものの、労使協定は無効となり、法律効果（免罰的効果）は発生しない

① 民主的な手続きによらずに選出された従業員代表との労使協定

労使協定が有効となるためには、労基法の定める選出手続きに従って選出された従業員代表が、企業側の代表者と労使協定を締結することが必要です。民主的な手続きによらずに選出された従業員代表との労使協定は無効で、法律効果（免罰的効果）は生じません。

② 罰則について

従業員代表の選出手続きに違反したことそれ自体に対する罰則規定はありません。当該違反から生じる直接的な効果は、選出手続きに違反して選出された従業員代表が締結した労使協定は無効で、免罰的効果が生じないという点にあります。もっとも、免罰的効果が発生しない結果、使用者が刑事罰の対象となることがあります。すなわち、適法な労使協定が成立した場合、たとえ使用者が労基法上の基準を超えて労働者を就労させても、それが協定の範囲内であれば、労基法所定の刑事罰を免れることになりますが（免罰的効果）、労使協定が無効で免罰的効果が生じない場合、使用者が労基法上の基準を超えて労働者を就労させると、使用者は、労基法所定の刑事罰の対象となります。

西頭英明　弁護士（日本・ニューヨーク州）／元国税審判官（第一芙蓉法律事務所）

従業員代表と締結した労使協定は、少数組合や反対者にも適用されるか

A 適用される

1 労基法上の労使協定の効力（計画年休を定める労使協定を除く）

　計画年休を定める労使協定（労基法39条6項）以外の労基法上の労使協定の効力は、その協定に定めるところによって労働させても労基法に違反しない（刑事上の責任を問われない）という免罰的効果を持つのみです（昭63.1.1　基発1・婦発1）。この労使協定の効果（免罰的効果）は、労使協定が締結された場合、当該事業場の全体に及ぶので、当該事業場の少数組合や反対者についても、その効果は及びます（昭23.4.5　基発535）。

　もっとも、労使協定は、刑事罰を問われない枠を定めるもので、枠の中身、すなわち、労働者に契約上の権利義務を生じさせるためには、別途、労働者との間で労働協約・就業規則等の労働契約上の根拠が必要となります（昭63.1.1　基発1・婦発1）。

　例えば、少数組合・反対者に対し、私法上の効力（労働契約上の権利義務）を及ぼすには、別途、少数組合との労働協約、就業規則または個別の同意が必要となります。

　なお、労使協定が労働協約としての性質も帯有する場合（すなわち、労使協定が労働協約に求められる様式［労組法14条］を備えて労働組合との間で締結された場合）、当該労使協定は、法的に、労使協定であると同時に労働協約となるため、労使協定としての効力（免罰的効果）

と労働協約としての効力（同法16条など）を併せ持つことになります（水町勇一郎『労働法 第6版』［有斐閣］82ページ　注4）。

 2　計画年休を定める労使協定の効力

　これに対し、計画年休を定める労使協定には、他の労使協定とは異なり、当事者間の権利義務を設定する効果が認められるため、計画年休を定める労使協定が締結されると、その定めに従って年休日が特定され、その効果は、当該協定によって適用対象とされた全労働者（これに反対する労働者を含む）に及びます。

　これは、計画年休は、他の労使協定の対象とは異なり、年休の付与自体が法律上定められた権利で、その具体的な内容が法律に基づく手続き（労使協定）によって特定されるという構造を持つからです（水町・前掲書281ページ　注234。裁判例として、三菱重工業長崎造船所事件［福岡高裁　平6.3.24判決］が存在します）。

西頭英明　弁護士（日本・ニューヨーク州）／元国税審判官（第一芙蓉法律事務所）

Q098 労使協定を締結した従業員代表が管理監督者になった場合や退職した場合、協定は無効となるか。また、後継の従業員代表を選出すべきか

A 無効とならない。従業員代表たる要件は、協定締結時にあれば足りる

1 被選出者（過半数代表者）の資格

　従業員代表は、実際に労使協定を締結する時点で、法の定める要件を充足していれば事足ります。そのため、協定締結後に、当該従業員代表が管理監督者になったり、退職したとしても、有効に締結された協定の効力に影響はありません（存続要件ではありません）。

　これは、従業員代表は、労使協定の締結時のみの代表で（『ジュリスト』917号「新労働時間法のすべて」185ページ［菅野和夫発言］）、当該事業場の労働者数は、事業の繁閑によって変動を伴うのが通常であるから、このような場合に常に協定の効力が問題になるのであれば、協定の安定性が阻害され、現実の業務運営の実態に沿わない結果となるからです（東京大学労働法研究会編『注釈労働基準法・上』［有斐閣］42ページ、東京大学労働法研究会著『注釈労働時間法』［有斐閣］33ページほか参照）。

　したがって、協定を締結した従業員代表が管理監督者になった場合や退職した場合であっても、労使協定は無効とはなりません。

2 「過半数」の要件

　また、従業員代表は、当該事業場の労働者の「過半数」で組織する組合、または（そのような組合がない場合には）当該事業場の労働者の「過

半数」を代表する者で、従業員代表には過半数の要件が存在します。この過半数の要件も、従業員代表が労使協定の締結や意見陳述等の行為を行う時点で充足されていれば足り、その後に過半数の支持が失われても、従業員代表の行為の効力に影響はありません。36協定の当事者資格の確定につき、原則として、協定締結時を基準とすべきと示した裁判例も存在します（浜松郵便局事件　静岡地裁浜松支部　昭48.1.6決定）。

③ 労働組合の結成以前に締結した従業員代表との労使協定の効力

　従業員代表は、実際に労使協定を締結する時点で、法の定める要件を充足していれば足り、有効に締結された従業員代表との労使協定は、労働組合の結成以前に締結したものであっても有効です。

　もっとも、新たに結成された労働組合が過半数組合となり、従業員代表となった場合は、当該過半数組合が、労使協定の破棄を申し入れる等の新たな展開があり得ます。

❶ 労使協定に期間の定めがある場合

　労使協定に期間の定めがある場合には、結成された過半数組合が協定の破棄を申し入れたところで、当該労使協定は失効するものではありません。もっとも、企業側が任意に応じて労使協定を破棄（合意解約）し、新たな労使協定を締結することは可能ですが、これはまた別の展開です。

❷ 労使協定に期間の定めがない場合

　労使協定に期間の定めがない場合も、結成された過半数組合との間で、企業側が任意に応じて労使協定を破棄（合意解約）し、新たな労使協定を締結することは可能です。また、労使協定に解約事由やその手続きが規定されていれば、これに基づく一方的解約が可能となります。

　このような規定がない場合の一方当事者による解約については、労使協定が労働協約の形式で締結された場合には、労組法15条3項により90日前の予告を置くことにより解約できると解されています。しかし、

第6章

従業員代表

労働組合の結成以前に締結した従業員代表との労使協定は、労働協約の形式で締結された労使協定ではないので、この場合に該当しません。

　もっとも、労使協定が労働協約の形式をとっていない場合も、労使協定は、使用者と労働者側の利益・意思を代弁する者との間の合意であるという点で労働協約に類似する面があることから、労組法15条3項の規定が類推適用されると解する考え方が有力です（菅野和夫『ジュリスト』917号「新労働時間法のすべて」43ページ）。

　したがって、この有力説によれば、結成された過半数組合が解約申し入れを行えば、当該労使協定は、90日後に終了することとなります。

西頭英明　弁護士（日本・ニューヨーク州）／元国税審判官（第一芙蓉法律事務所）

パートタイマーの就業規則を改定する際の意見聴取は、パートタイマーの過半数代表者に行うべきか

 望ましいが、事業場のすべての労働者の過半数組合・過半数代表者に対する意見聴取が必ず必要

同一事業場において、一部の労働者についてのみ適用される就業規則を別に作成することは差し支えありません。

　もっとも、当該一部の労働者に適用される就業規則も当該事業場の就業規則の一部なので、その作成または変更に際しての意見の聴取（労基法90条）として、当該事業場の全労働者の過半数で組織する労働組合または全労働者の過半数を代表する者の意見を聴くことが必要です。

　なお、行政解釈では、これに加えて、当該一部の労働者に適用される就業規則の作成または変更に際し、使用者が当該一部の労働者で組織す

る労働組合等の意見を聴くことが望ましいと考えられています（昭23.8.3基収2446、昭24.4.4　基収410、昭63.3.14　基発150・婦発47）。特に、パートタイマー（短時間労働者）に適用される就業規則については、その代表者の意見聴取が努力義務とされています（パート労働法7条）。

西頭英明　弁護士（日本・ニューヨーク州）／元国税審判官（第一芙蓉法律事務所）

執筆者プロフィール（五十音順）

浅井 隆　あさい たかし

弁護士（第一芙蓉法律事務所）

1990年弁護士登録、2001年4月武蔵野女子大学講師（非常勤）、2002年4月～2008年3月慶應義塾大学法学部講師（民法演習・非常勤）、2005年4月～2009年3月慶應義塾大学大学院法務研究科（法科大学院）講師（労働法実務・非常勤）、2009年4月～2014年3月同教授、現在は非常勤講師。主な著書に『退職・解雇・雇止め―適正な対応と実務』（共著、労務行政）、『最新裁判例にみる職場復帰・復職トラブル予防のポイント』（編著、新日本法規出版）、『企業実務に役立てる！最近の労働裁判例27』（編著、労働調査会）など多数。

嘉納 英樹　かのう ひでき

弁護士（アンダーソン・毛利・友常法律事務所）

1991年東京大学法学部卒、1993年東京大学大学院法学政治学研究科修了、1995年司法研修所修了（47期）。2000年現事務所入所、2004年パートナー就任。20年超にわたり人事労務・労働法全般を企業側に立ち担当する。著書に、日本の労働法・人事労務を英語で説明した『Japanese Labor & Employment Law and Practice（4th Edition）』（第一法規）等がある。

加茂 善仁　かも よしひと

弁護士（加茂法律事務所）

慶應義塾大学法学部卒業。1978年弁護士登録（第一東京弁護士会所属）、1998年経営法曹会議常任幹事。主に人事労務、会社法務、倒産法務等の分野を手掛ける。『労災・安全衛生・メンタルヘルスQ&A［第2版］（労働法実務相談シリーズ）』（労務行政）ほか、著書多数。

西頭 英明　さいとう ひであき

弁護士（日本・ニューヨーク州、第一芙蓉法律事務所）・元国税審判官

2004年慶應義塾大学法学部卒業。2006年東京大学法科大学院修了。2007年弁護士登録。2011年から2014年まで東京国税不服審判所国税審判官（特定任期付職員・公務就任に伴い弁護士登録抹消）。2014年弁護士再登録。2016年University of California, Berkeley, School of Law (LL.M. Traditional Track) 卒業、2017年ニューヨーク州弁護士登録。著書に、『最新 有期労働者の雇用管理実務』（共著、労働開発研究会）、『企業実務に役立てる！最近の労働裁判例27』（共著、労働調査会）、『裁判例や通達から読み解くマタニティ・ハラスメント』（共著、労働開発研究会）など多数。

髙谷 知佐子　たかや ちさこ

弁護士（森・濱田松本法律事務所）
1995年弁護士登録。2000年ニューヨーク州弁護士登録。1999年から2000年にシンガポール共和国 Arthur Loke Bernard Rada and Lee 法律事務所、2000年にインド Kochhar & Co. 法律事務所で執務。2018年4月 The Ninth Edition of Best Lawyers in Japan、2017年12月 Chambers Asia Pacific 2018、2017年 The Legal 500 Asia Pacific 2018 の Labour and Employment分野で高い評価を得る。主な著書に『M＆Aの労務ガイドブック』（編著、中央経済社）、『秘密保持・競業避止・引抜きの法律相談』（共著、青林書院）ほか。

西内 愛　にしうち あい

弁護士（アンダーソン・毛利・友常法律事務所）
2012年司法研修所修了（65期）。企業側人事労務専門の法律事務所を経て、現事務所にアソシエイトとして入所。著作として『決定版！問題社員対応マニュアル（下）』（共著、労働調査会）、「女性活躍推進法の概要と企業に求められる対応」（共著、『会社法務A2 Z』2016年4月号、第一法規）等がある。

山本 圭子　やまもと けいこ

法政大学講師
中央大学法学部法律学科卒業。法政大学大学院博士課程単位取得退学。専門は労働法。著書・論文等に『実践・変化する雇用社会と法』（共著、有斐閣）、「労働時間の算定に係る一考察」（安西愈先生古稀記念論文集『経営と労働法務の理論と実務』［中央経済社］所収）、「日本における公契約と集団的労使関係」（『法学志林』113巻）などがある。

カバー・本文デザイン／有限会社土屋デザイン室

印刷・製本／三美印刷株式会社

実務 Q&A シリーズ

就業規則・労使協定・不利益変更

2018年5月16日　初版発行

編　者　一般財団法人 労務行政研究所
発行所　株式会社 労務行政
　　　　〒141-0031　東京都品川区西五反田3-6-21
　　　　　　　　　　住友不動産西五反田ビル3階
　　　　TEL：03-3491-1231
　　　　FAX：03-3491-1299
　　　　https：//www.rosei.jp/

ISBN978-4-8452-8291-3